Felix Friedrich Bruck

Zur Lehre von den Verbrechen gegen die Willensfreiheit

Felix Friedrich Bruck

Zur Lehre von den Verbrechen gegen die Willensfreiheit

ISBN/EAN: 9783744668538

Hergestellt in Europa, USA, Kanada, Australien, Japan

Cover: Foto ©Suzi / pixelio.de

Weitere Bücher finden Sie auf **www.hansebooks.com**

Zur Lehre

von den

Verbrechen gegen die Willensfreiheit.

Habilitationsschrift

von

Dr. jur. **Felix Bruck**,

Königl. Preussischem Gerichts-Assessor a. D.

Berlin.

Verlag von Paul Anders.

1875.

Vorwort.

Ueber die Verbrechen gegen die Willensfreiheit existirt ausser der bereits veralteten Arbeit Tittmann's: Beiträge zu der Lehre von den Verbrechen gegen die Freiheit, insbesondere von dem Menschenraube und der Entführung (Meissen 1806), keine monographarische Abhandlung. Dagegen werden in neuester Zeit diese Verbrechen in den ausführlicheren Lehrbüchern und Compendien des Strafrechts eingehender erörtert, so z. B. in Koestlin's Abhandlungen aus dem Strafrecht (1858), in Haelschner's System III. und ganz besonders in v. Holtzendorff's Handbuch des deutschen Strafrechts III. (1872) von Geyer, dessen trefflichen Ausführungen auch der Verfasser vielfach gefolgt ist.

In der nachfolgenden Abhandlung wird nun versucht, die Eingangs erwähnte Verbrechensgruppe nach einer von der bisherigen Doctrin abweichenden Betrachtungsweise zu ordnen und dann die einzelnen, auf Grund dieser neuen Systematik in jene Gruppe fallenden, Verbrechen gegen die Willensfreiheit geschichtlich und dogmatisch von den Zeiten der Römer bis auf unsere Tage zu entwickeln.

Dass der Darstellung des heutigen gemeinen deutschen Strafrechts ein besonderer, im Vergleich zu der Darstellung des früher in Deutschland geltenden (gemeinen und particulären) Rechts, bedeutend ausführlicherer Abschnitt (III.) gewidmet ist, wird bei der Wichtigkeit dieses Rechtsstoffes für die Gegenwart einer Rechtfertigung nicht bedürfen. Ob aber die von der herrschenden Doctrin in verschiedener Hinsicht abweichende Auffassung des Verfassers Beifall verdient, darüber mögen Andere urtheilen.

Breslau, im März 1875.

Inhalts-Verzeichniss.

Seite

I.
Einleitung 1

II.
Rechtsgeschichtliche Entwickelung . 12

  A. Römisches Recht 13
  B. Deutsches Recht 24
  C. Gemeinrechtliche Doctrin . . 29
  D. Particular-Gesetzgebung . . . 42

III.
Heutiges gemeines deutsches Reichsstrafrecht . 45

  A. Verletzungen der Willensfreiheit durch Störung oder Aufhebung der Willensfähigkeit.

    (§ 19) Bedrohung 48
    (§ 20) Betäubung 53

  B. Verletzungen der Willensfreiheit durch Verhinderung der Ausführung des Willens.

    (§ 21) Nöthigung 54
    (§ 22) Freiheitsberaubung 62
    (§ 23) Menschenraub 69

I.
Einleitung.

§ 1.
Allgemeines.

Nach einem jetzt in der Strafrechstdoctrin wohl allgemein als zweckmässig anerkannten Princip gruppiren die neueren und neuesten Systematiker im sogenannten besonderen Theil des Strafrechts die einzelnen Verbrechen nach dem Gegenstande der Verletzung.[1]) Unter den, nach diesem Gesichtspunkte geordneten Gruppen steht die umfangreiche Gruppe, welche von den Verbrechen wider den einzelnen Menschen handelt, oben an und, da der Mensch in vierfacher Beziehung Gegenstand einer strafbaren Verletzung werden kann, nämlich in Hinsicht auf seine leibliche Unversehrtheit, seine Freiheit, seine Ehre und sein

---

[1]) Vgl. Wächter Lehrb. II Vorrede. Mittermaier: Ueber den neuesten Zustand der Strafgesetzgebung S. 113. 114.; Heffter: Lehrb. § 196; Haelschner. Syst. III. S. 10—18; Berner in den ersten vier Auflagen seines Lehrbuches; in den späteren 3 Auflagen schliesst er sich ganz dem System des Reichsstrafgesetzbuches an; ferner Schütze Lehrb. des deutschen Strafrechts (1871) S. 219 ff. — Zieht man hier nur die eigentlichen d. s. die dolosen Verbrechen in Betracht, so müsste man noch präciser sagen: „nach dem Gegenstande der beabsichtigten Verletzung."

Vermögen, so ergeben sich, wenn man an jenem obersten Gesichtspunkt der Eintheilung festhält, wiederum für diese Verbrechensgruppe vier Unterabtheilungen, welche alle nur möglichen strafbaren Verletzungen der in der Rechtssphäre des Individuums enthaltenen Rechte umfassen. Mit der Unterabtheilung nun, welche die **strafbaren Verletzungen der Freiheit des Individuums** zum Gegenstande hat, beschäftigt sich diese Abhandlung.

§ 2.
Begriff der Verbrechen wider die Willensfreiheit und Stellung derselben im System.

Unter der Willensfreiheit im rechtlichen Sinne, auch persönliche Freiheit genannt, verstehen wir das einem jeden Individuum zustehende Recht, einen Willen zu erzeugen und diesen seinen Willen durch Handlungen oder Unterlassungen insoweit zum Ausdrucke zu bringen, als Solches nicht positive Gesetze verbieten.[2] Hiermit ist zugleich ausgesprochen, dass der Wille des Einzelnen im Staate sich allerdings nicht absolut frei entfalten darf, sondern dass die Entfaltung des Individualwillens im Gesetze eine Schranke findet. Daraus folgt wieder, dass das Maass der persönlichen Freiheit je nach dem geltenden positiven Recht ein verschiedenes sein kann und, dass wir deshalb, bevor wir von einer Verletzung der Willensfreiheit sprechen können, immer erst prüfen müssen, ob die den Willen ausdrückende Handlung oder Unterlassung, gegen welche der Zwang gerichtet war, nach dem positiven Rechte erlaubt gewesen ist.

Zu weitgehend sind daher die üblichen Definitionen, welche die Willensfreiheit allgemein als Freiheit des Men-

---

[2] Aehnlich **John**: Entwurf mit Motiven zu einem Strafgesetzbuch für den Norddeutschen Bund. (Berlin 1868) S. 489.

schen bezeichnen, seinem eigenen Willen gemäss zu handeln oder nicht zu handeln.³)

Aus der vorangegangenen Betrachtung ergiebt sich zugleich der Begriff der Verbrechen wider die Willensfreiheit. Unter letzteren versteht man nämlich Verletzungen des Rechts einer Person, einen Willen erzeugen und diesen Willen durch erlaubte Handlungen oder Unterlassungen nach Belieben äussern zu dürfen.

Geyer⁴) hat noch darauf hingewiesen, dass die sich öfter findende Indentificirung der Verbrechen gegen die Willensfreiheit mit den Verbrechen gegen die persönliche Freiheit⁵) in sofern nicht ganz genau sei, als unter der persönlichen Freiheit nur die Freiheit des Menschen zu verstehen sei, „über die Bewegungen seines Leibes zu verfügen, dass daher die Verletzung nur in einem Angriff auf die Freiheit bestehe, den Willen äusserlich zu bethätigen und ihm gemäss thätig zu werden oder unthätig zu bleiben. So sei die Absicht, Jemanden in den Zustand der Willensunfreiheit, als der Zurechnungsunfähigkeit, zu versetzen, beziehungsweise die Verwirklichung dieser Absicht, gewiss nicht ein begriffliches Merkmal der Verbrechen gegen die persönliche Freiheit."

Dieser Ansicht Geyer's dürfte nicht beizustimmen sein, da sich nicht absehen lässt, zu welcher Kategorie von Verbrechen diejenigen strafbaren Verletzungen der Person, welche nach der Absicht des Thäters ausschliesslich gegen die Willensfreiheit gerichtet waren, wie z. B. das Vergehen

---

³) So Geyer in v. Holtzendorff's Handbuch des deutschen Strafrechts. III. S. 568.

⁴) a. a. O.

⁵) Diese Ansicht vertreten unter Anderen auch Abegg: Lehrb. der Strafrechtswissenschaft S. 366; Häberlin: Grundsätze des Criminalrechts. Bd. III. S. 176; Koestlin: Abhandlungen aus dem Strafrecht. S. 417. 427; und Haelschner a. a. O. III. S. 172. 173.

1*

der Bedrohung und die Betäubung,⁶) gerechnet werden sollten. Grade das von Geyer gegebene Beispiel — die Versetzung einer Person in den Zustand der Zurechnungsunfähigkeit — führt auf das wahre Object der Verletzung bei allen Verbrechen gegen die persönliche Freiheit. Als solches erscheint überall der Wille. Dieser ist stets mit den Medien, in welchen er für dritte erkennbar wird — das sind die gewollten Handlungen oder Unterlassungen — so eng verbunden, dass ein strafbarer Eingriff in diese Medien ohne gleichzeitige Verletzung des Willens, beziehungsweise der Freiheit des Wollens, gar nicht denkbar ist. Wer eine Person zu einer Duldung zwingt, z. B. einen Menschen wider seinen Willen einsperrt, fesselt oder in seine Gewalt bringt, verletzt in erster Linie freilich nur die körperliche Bewegungsfreiheit, die Mobilität des Menschen; allein diese Betrachtungsweise ist doch nur eine rein äusserliche, bei welcher das jederzeit mitverletzte ursächliche Moment, der Wille, übersehen wird. Die körperliche Bewegung ist ja selbst nichts weiter, als der sichtbar gewordene Wille, daher die Verhinderung dieser Bewegung zugleich eine Beschränkung der Willensfreiheit.

Einen Menschen fesseln, einsperren, rauben heisst daher nichts weiter, als seinen freien Willen bezüglich der Bewegungen seines Leibes, der Wahl seines Aufenthaltes, verletzen. Ob nun die Willensfreiheit, wie in dem von Geyer angeführten Falle, der Versetzung einer Person in den Zustand der Zurechnungsunfähigkeit, total oder, wie im Falle der Einsperrung, des Menschenraubes, nur partiell aufgehoben erscheint, ist für die begriffliche Feststellung des Objects der Verletzung irrelevant.

Demnach erscheint es nicht nur zulässig, die Verbrechen gegen die persönliche Freiheit mit den gegen die Willens-

---

⁶) Zu einem delictum sui generis, wie die Bedrohung, ist diese Begehungsform im positiven Strafrecht noch nicht erhoben worden. S. hierüber S. 74 f.

freiheit zu identificiren, sondern es verdient die letztere Bezeichnungsweise sogar den Vorzug, weil sie den Gegenstand der Verletzung bestimmter zum Ausdruck bringt.

Ist die Willensfreiheit überhaupt nicht vorhanden, wie bei **Geisteskranken** oder noch **vollkommen bewusstlosen Kindern**, so wird man freilich nicht von einem Verbrechen gegen die Willensfreiheit sprechen können, aber ebenso wenig von einem Verbrechen gegen die persönliche Freiheit, die ja immer die Freiheit des Willens zur Voraussetzung hat.[7] Daraus folgt aber keineswegs, dass Handlungen, welche, an anderen Personen verübt, als Verbrechen gegen die Willensfreiheit erscheinen, gegen Personen, welche der Willensfreiheit ermangeln, straflos unternommen werden dürfen. Im Gegentheil wird auch hier die Strafe gerechtfertigt erscheinen, aber freilich aus einem andern Grunde. Es hat nämlich hier ein Wechsel im Objecte der Verletzung stattgefunden; nicht mehr die Willensfreiheit, sondern die einem jeden, auch dem vernunftlosen Menschen, angeborene **Menschenwürde** erscheint verletzt. Die Verwendung dieses, übrigens bereits anerkannten,[8] Begriffes in der Art, wie es hier geschieht, ist zwar neu, aber unseres Dafürhaltens gerechtfertigt. **Unter der Menschenwürde verstehen wir das, einem jeden Menschen lediglich auf Grund seiner Geburt als Mensch zustehende, Recht auf Anerkennung des im Mensch-**

---

[7] Wird häufig verkannt, so z. B. von **Cremani**: de jure crim. lib I. P. I. cap. VIII. § 4; **Henke**: Beiträge zur Criminalgesetzgebung S. 326; **Tittmann**: Handb. I. § 185. und dessen Beiträge zur Lehre von den Verbrechen gegen die Freiheit. (Meissen 1806) S. 2. und **Koestlin** a. a. O. S. 427. Z. 6. — Dadurch, dass bei Verübung jener Verbrechen gegen Willensunfähige auch gewisse Rechte anderer Personen, welche die Willensunfähigen in ihrem Willen vertreten, mit getroffen werden, werden jene Verbrechen noch nicht zu Verbrechen gegen die Willensfreiheit der direct verletzten Willensunfähigen. —

[8] Vergl. **Koestlin** Abhdlg. S. 3; u. **Haelschner**. Syst. III. S. 233. 234.

thum als solchem liegenden Vorzugs vor allen übrigen Geschöpfen.[9]) Mit diesem Recht erscheint es unvereinbar, dass irgend ein Mensch, ohne dazu befugt zu sein, sich die Herrschaft über den Leib seines Nebenmenschen anmasse. Der Mensch bleibt noch Mensch, auch wenn er vernunftlos ist und deshalb der Willensfreiheit ermangelt. Wer ihn daher gleich einem Thiere fesselt, einsperrt oder fortführt, um ihn in seine unrechtmässige Gewalt zu bringen, verletzt die Menschenwürde. Dass der Verletzte diesen Eingriff in seine Persönlichkeit selbst nicht zu fühlen vermag, ist gleichgültig;[10]) bleibt doch auch die Misshandlung eines Menschen, dessen Empfindungsvermögen völlig aufgehoben ist, immerhin ein Verbrechen.

Hiernach könnte es scheinen, dass die Rubrik von den Verbrechen wider die Willensfreiheit sich erübrige, da ja jene Verletzungen der Willensfreiheit zugleich auch immer die Menschenwürde der willensfreien Personen treffen müssen, dass man daher zweckmässiger nur eine Kategorie von Verbrechen gegen die Menschenwürde annähme, welche dann als Unterabtheilung in die Rubrik von den Verbrechen wider die Ehre eingereiht werden könnte. Allein die Beibehaltung einer selbständigen Kategorie von Verbrechen wider die Willensfreiheit hat einen doppelten Werth; einmal einen theoretischen, weil zur wissenschaftlichen Erkenntniss der einzelnen Verbrechensarten eine scharfe Feststellung ihres jedesmaligen Gegenstandes unumgänglich nothwendig erscheint, das andere Mal einen praktischen Werth, weil der Grad der Strafbarkeit von der Bedeutung des verletzten Objects abhängt. Was nun den letzteren Punkt anlangt, so erscheinen, objectiv betrachtet, Verletzungen der Ehre weniger schwer, als Verletzungen der

---

[9]) Auch der Missgeburt wird man diese Würde nicht absprechen können.

[10]) Koestlin a. a. O. S. 18.

Willensfreiheit.[11]) Deshalb werden auch im Allgemeinen die Verbrechen wider die Willensfreiheit schwerer zu strafen sein, als die Verbrechen wider die Ehre, in specie wider die Menschenwürde. Dabei ist nicht ausgeschlossen, dass Verbrechen der letzteren Art bisweilen eine bedeutende Steigerung der Strafe erheischen können. Eine solche erscheint besonders dann gerechtfertigt, wenn noch andere Personen an dem Verletzten gewisse Rechte z. B. Familien- (Erziehungs-) Rechte haben. In solchen Fällen concurrirt mit der Verletzung des zunächst davon betroffenen Individuums die Verletzung der Recht Dritter. Man denke nur an den Fall eines Kindesraubes, wo ausser der im geraubten Kinde verletzten Menschenwürde zugleich die Rechte der Familie, welcher das Kind angehört, auf das Empfindlichste verletzt werden.

§ 3.
Umfang der Gruppe der Verbrechen gegen die Willensfreiheit.

Nachdem wir im Allgemeinen Begriff- und systematische Stellung der Verbrechen gegen die Willensfreiheit festgestellt haben, fragt es sich weiter, welche Verbrechensarten zu dieser Verbrechensrubrik gehören. Streng genommen erscheint jedes an einer Person verübte Verbrechen als eine Verletzung ihrer Willensfreiheit, da doch Niemand an sich ein Verbrechen verüben lassen will. Allein nur bei einer verhältnissmässig geringen Anzahl von Verbrechen gegen die Person bildet die Willensfreiheit deren ausschliessliches Object. Zwar giebt es ausserdem noch eine Anzahl von Verbrechen, bei welchen gleichfalls die Willensfreiheit beschränkt erscheint; indess hier ist die Unterwerfung des Willens nur das Mittel, um zum Object der

---

[11]) S. Feuerbach (12te von Mittermaier besorgte Ausgabe) S. 114 § 107; Tittmann: Handb. I. § 185. und Heffter Lehrb. § 95.

beabsichtigten Verletzung zu gelangen.[12]) So ist z. B. bei Raub und Erpressung das Object des Verbrechens das Vermögen.[13]) Die vorübergehende Willensunterwerfung zum Zwecke der Erreichung dieses Objects ist ein erschwerender und deshalb für den Grad der Strafbarkeit erheblicher Umstand, für die Stellung dieser Verbrechen im System ist er ohne Bedeutung.

Ungeachtet der Bestimmtheit des Kriteriums der Verbrechen wider die Willensfreiheit herrscht in der Theorie seit dem Augenblicke der Anerkennung dieser Verbrechensrubrik keine Uebereinstimmung hinsichtlich der Frage, welche Verbrechensarten in diese Rubrik gehören. Zwar wird allgemein **Nöthigung** und **Bedrohung**, **widerrechtliche Freiheitsentziehung** — insbesondere **Einsperrung** — und **Menschenraub** in die Rubrik gerechnet, dagegen gehen die Ansichten über die systematische Stellung des Verbrechens der **Entführung** und des **Hausfriedensbruches** auseinander. Während nämlich die Einen [14]) die Entführung in die Rubrik der Verbrechen gegen die Sittlichkeit, den Hausfriedensbruch da-

---

[12]) S. Geyer a. a. O. S. 591.

[13]) Vgl. Tittmann: Beiträge S. 3; Goldammer: Materialien II. S. 453; Haelschner: System III. S. 179. John: Entwurf. S. 536. und Schütze's Lehrb S. 410. N. 1 und 411. A. M. ist dagegen Wächter Beitrag zur Geschichte und Kritik der Entwürfe eines Strafgesetzbuches für den Norddeutschen Bund (1870) S. 131; woselbst er die Erpressung nur für eine besondere, sehr strafbare Art der Nöthigung erachtet. Hiermit ist Wächter zu seiner früher (Archiv des Criminal-Rechts Bd. XI. XII. und XIII.) aufgestellten Ansicht vom crimen vis zurückgekehrt, auf welche wir noch im geschichtlichen Theile dieser Abhandlung zurückkommen werden.

[14]) So Henke II. S. 172; Heffter § 458; Koestlin Abhdlg. S. 429; Temme Lehrb. § 168; Haelschner III. § 55; und Geyer b. Holtzendorff III. S. 609. A. M. Grolmann § 243. Feuerbach § 255, Bauer § 200. Salchow § 192. Abegg § 274. Waechter § 137. Marezoll S. 413. u. Berner, welche die Entführung zu den Verbrechen wider die persönliche Freiheit rechnen.

gegen in die Rubrik der Verbrechen gegen die persönliche Freiheit verweisen, stellen Andere umgekehrt das Verbrechen der Entführung in die zuletzt genannte Rubrik, schliessen aber von derselben den Hausfriedensbruch, als ein Verbrechen gegen die öffentliche Ordnung, [15]) aus. Einzelne lassen sich bei dieser Anordnung weniger durch innere Gründe, als durch die Legalordnung gewisser Gesetzbücher bestimmen. [16])

Sieht man aber von einer positiven Gesetzgebung ab, so ergeben sich die einzelnen Verbrechensformen, in welchen die strafbaren Verletzungen der Willensfreiheit zur Erscheinung gelangen können, am Einfachsten, wenn man sich vergegenwärtigt, in welcher Weise eine Verletzung der Willensfreiheit möglich ist.

Der Wille ist abhängig von der **Fähigkeit zu Wollen** (Willensfähigkeit) und diese wiederum von der **Fähigkeit zu Denken** (Denkvermögen). Wird daher die letztere gestört oder aufgehoben, so wird zugleich in demselben Maasse die Willensfähigkeit alterirt erscheinen. Nach der Erfahrung wird ein solcher Zustand durch einen Angriff auf das Erzeugungsorgan des Gedankens, das Gehirn, bewirkt, und zwar erweisen sich als brauchbare Angriffsmittel die **Bedrohung** und die **Betäubung**. Soll dagegen nicht die Willensfähigkeit als solche, sondern nur die Verwirklichung des Willens nach einer bestimmten Richtung hin gestört oder aufgehoben werden, so müssen die **Ausführungsorgane des Willens** (d. s. die Gliedmaassen des Körpers, überhaupt der menschliche Körper) zu einem, dem gefassten Entschlusse (d. i. der Wille nach

---

[15]) So Abegg § 393. Haeberlin: Grundsätze II. S. 285. John b. Holtzendorff III. S. 153 u. Berner in den früheren Auflagen über Hausfriedensbruch. A. M. dagegen Schwarze: Arch. (1842) S. 541. und ganz besonders Haelschner III § 34.

[16]) z. B. Geyer im Anschluss an das Reichsstrafgesetzbuch; ebenso Berner in den neueren Auflagen seines Lehrbuchs.

einer bestimmten Richtung hin) entgegengesetzten, Verhalten gezwungen werden. Dieser Zwang lässt sich erfahrungsmässig nur durch **physische Gewalt** bewirken; man bezeichnet ihn technisch mit dem Ausdrucke: **Nöthigung.** Die Formen, in welche sich hierbei die Gewalt kleidet, sind mannigfaltig; so kann die Gewalt in einem **Festhalten, Fesseln, Binden, Einschliessen, Fortführen** einer Person und dergl. bestehen.

Hiernach ergeben sich **zwei** Kategorien, welche sämmtliche strafbaren Verletzungsformen der Willensfreiheit umfassen:

1. **Verletzungen der Willensfreiheit durch Störung oder Aufhebung der Willensfähigkeit.**

    Verbrechensformen:

    a. **Bedrohung**; b. **Betäubung**.

2. **Verletzungen der Willensfreiheit durch Verhinderung der Ausführung des Willens.**

    Verbrechensform:

    Nöthigung: Beispiele: Einsperrung, Fesselung, Menschenraub.

Alle diese Verbrechensformen haben zum Gegenstande der beabsichtigten Verletzung die Willensfreiheit. Bei anderen Verbrechensformen dagegen, welche in Lehrbüchern und neueren Gesetzgebungen bisweilen hierher gezählt worden sind, ist, wie bereits bemerkt, die Verletzung der Willensfreiheit nur ein Merkmal im Thatbestande dieser Verbrechen, so bei der Entführung, der Nothzucht und dem Hausfriedensbruch.[17] Bei den beiden erstgenannten Verbrechen ist das Object der beabsichtigten Verletzung die Geschlechtsehre des Weibes, in gewisser Beziehung auch die Familie der Entführten oder

---

[17] Ueber die verschiedenen Ansichten vgl. N. 12 u. 13; über Erpressung und Raub S. 12.

Genothzüchtigten, bei dem Hausfriedensbruch in erster Linie der Friede der Gesellschaft, (der Gemeinde, des Staates).[18]) Endlich gehört die durch Nöthigung veranlasste Störung beziehungsweise Verhinderung der Ausübung politischer Rechte in die Rubrik, welche von der Verletzung dieser Rechte handelt.

---

[18]) Der einfache Hausfriedensbruch, im Gegensatze zum qualificirten (durch eine zusammengerottete Menschenmenge verübten) lässt sich nicht unbedingt von der Gruppe der Verbrechen gegen die Willensfreiheit ausschliessen. Vgl. hierüber Haelschner: Syst. III. S. 192. —

II.

Rechtsgeschichtliche Entwickelung.

§ 4.

Nachdem wir Begriff, Wesen und systematische Stellung der Verbrechen gegen die Willensfreiheit vom rechtsphilosophischen Standpunkt erörtert haben, wollen wir den Entwickelungsgang verfolgen, welchen das positive Recht und die, sich an dieses anschliessende, Jurisprudenz genommen haben, bevor sie auf den Standpunkt der heutigen Doctrin gelangten. Wie schon angedeutet, findet sich der Begriff der Verbrechen, bei welchen den Gegenstand der Verletzung ausschliesslich die Willensfreiheit bildet, erst sehr spät entwickelt; ist er doch, wie Koestlin[1]) richtig bemerkt, nur ein **Product der Rechtsphilosophie der neueren Zeit**. Dessenungeachtet finden sich fast alle Verbrechensformen, welche wir der Rubrik der Freiheitsverbrechen eingereiht haben, wenn auch mehr oder weniger summarisch behandelt und selten nach einem bestimmten Princip geordnet, sowohl in den uns überlieferten römischen als auch in den deutschen Rechtsquellen wieder.

Wir beginnen mit dem **römischen Recht** als der Grundlage unseres ehemaligen gemeinen deutschen Strafrechts. —

---

[1]) a. a. O. S. 417.

A.
Römisches Recht.

§ 5.

Den Römern war eine Eintheilung der einzelnen Verbrechen nach dem Gegenstande der Verletzung überhaupt nicht bekannt. Die Grundeintheilung war vielmehr wesentlich eine processualische. Nach diesem Principe erscheinen in den Pandekten die einzelnen Verbrechen unseres modernen Strafrechts in drei umfangreiche Hauptmassen getheilt: in delicta privata, crimina extraordinaria und crimina publica.[2]) In der zuletzt genannten Gruppe werden dann an verschiedenen Stellen einzelne Verbrechensformen genannt, welche die neueste Doctrin unter die Rubrik der Verbrechen wider die Freiheit des menschlichen Willens gestellt hat; so ein Paar Beispiele der Nöthigung, die widerrechtliche Einsperrung und der Menschenraub (plagium). Der Menschenraub wird als ein selbstständiges Verbrechen unter eigener Rubrik abgehandelt, während die anderen Verbrechen mit einer grossen Anzahl ihrem Inhalte nach wesentlich verschiedener Verbrechensarten (als Zusammenrottung, Aufruhr, Tumult, Raub, Nothzucht und dgl.) zu einem Conglomerat vereinigt erscheinen, welches mit crimen vis[3]) bezeichnet wird. Das Kriterium aller dieser heterogenen, mit einander in Verbindung gebrachten, Verbrechen liegt nach römischrechtlicher Auffassung nicht etwa in dem

---

[2]) Rein: Criminalrecht der Römer (1844) S. 291. 292.
[3]) Literatur: Wächter: N. Archiv des Criminalrechts XI. S. 635 ff., XII. S. 341 ff., XIII. S. 1 ff., 195 ff., 374 ff., daselbst XIII. S. 8 N. 2. über die ältere, ziemlich werthlose, Literatur (Zasius, Hotoman, Manutius, Augustinus, Gravina, Sigonius, Matthaeus, Heineccius, Ernesti und Bach.) und XII. S. 342. über die älteren Dissertationen von Geisler, Ge. Ad. Struv, Heinr. Bocer, Leyser, Carl Ant. Löw; ferner Madai: Comm. jur. rom. de vi publ. et privata 1832. Petermann: Comment. de praec. jur.

gegen den Willen des Einzelnen gerichteten Zwange,⁴) sondern lediglich in der **Form der gewaltsamen Begehung**.⁵) Hierbei ist noch zu bemerken, dass die Verbrechensgruppe, welche sich in den **Justianischen** Rechtsbüchern unter den Titel-Rubriken: ad legem Juliam de vi publica und de vi privata findet, erst nach und nach⁶) diesen Umfang erhalten hat. Die gegen das Ende der Republik in Rom erlassenen Gesetze, die lex **Plautia** (665) a. u., lex **Lutatia** (676),⁷) lex **Pompeia** (702),⁸) lex **Julia (Caesaris)** (708) sind lediglich politischer Natur.⁹) Sie sind gegen die Gewaltthätigkeiten gerichtet, welche als Folgen der Parteikämpfe jener Zeiten in be-

---

rom. circa crimen vis 1832. **Luden** in **Weiske's** Rechtslex. IV. S. 828 ff. **John**: an et quatenus crimen vis Romanorum hodierno jure sit recipiendum 1853, derselbe im N. Archiv 1854. S. 60 ff. **Koestlin** Abhandlungen 1858. S. 417 ff. **Hälschner**: System II. S. 172 ff. **Geyer** bei **Holtzendorff**: Deutsches Strafrecht Band III. S. 568 ff.

⁴) Wie **Wächter** Archiv XIII. S. 381. 382. behauptet.

⁵) Vgl. **John** Diss. cit. S. 26; **Koestlin** a. a. O. S. 417. 418 und alle Neueren.

⁶) Im älteren römischen Rechte findet sich noch kein allgemeiner Begriff des crimen vis. Einzelne Fälle von Gewaltthätigkeit werden wegen der Eigenthümlichkeit ihres Inhalts unter verschiedene Gesichtspuncte gebracht. Die Strafbarkeit der Gewalt als solche ist noch unbekannt. **Cicero** pro Tull. 4: „apud majores nostros — nihil opus fuisse judicio de vi coactis armatisque hominibus.

⁷) Vgl. **Rein** S. 738. gegen **Wächter**, der die Existenz einer lex Lutatia bestreitet. Neuerdings hat auch **Zumpt**: Criminalr. der röm. Republ. II. I. Abth. S 266. ff. gleichfalls die Existenz der lex Lutatia anerkannt und das Verhältniss dieser lex zur lex Plotia näher bestimmt.

⁸) Vergl. **Zumpt** S. 538. N. 123, wonach in diesem durch die Ermordung des **Clodius** veranlassten Specialgesetz nur die Theilnahme an den im Gesetz besonders angeführten Handlungen als vis bezeichnet wird.

⁹) **John** Archiv S. 73. ff.

denklicher Weise die öffentliche Ruhe und Sicherheit gefährdeten. Deshalb bedrohen sie auch nur die Gewalt, welche sich als Auflehnung gegen die Staatsordnung kennzeichnet, so unerlaubte Bewaffnung, Gewalt gegen Beamte, Erregung eines Aufstandes, Zusammenrottung von Menschen zum Zwecke der Gewaltzufügung, Erstürmung und gewaltsames Besetzen von Plätzen und Häusern und dergleichen. Erst in den leges Juliae Augusti [10]) werden den genannten politischen Verbrechen auch die obengenannten Fälle von Verletzungen der Willensfreiheit von Privatpersonen beigemischt. Im Anschlusse an diese Gesetzgebung beschäftigte sich wohl auch die römische Jurisprudenz der classischen Periode mit dem Wesen jener Verbrechensformen. Sie kam indess über die Aufstellung allgemeiner Sätze nicht hinaus, das Object der Rechtsverletzung blieb unbestimmt. Die communis opinio jener Zeit giebt Ulpian, welcher berichtet, dass das Wesen aller, der Rubrik des crimen vis untergeordneten, Verbrechen, wie bereits erwähnt, in der Form der gewaltsamen Begehung besteht. [11])

l. 152. pr. Dig. de Reg. jur. (50. 17.)
Hoc jure utimur, ut quidquid omnino per vim fiat, aut in vis. publicae aut in vis privatae crimen incidat.

Hierdurch wird die Ansicht Waechter's [12]) widerlegt, welcher mit Aufwendung eines eingehenden Quellenstudiums wiederholt den Nachweis zu führen versuchte, dass schon die Römer das Wesen des crimen vis in einer Beschrän-

---

[10]) Dass die leges Juliae Augusti nicht mit der lex Caesaris als identisch anzusehen, hat Wächter nachgewiesen. A. M. Rein a. a. O. S. 742.

[11]) John Archiv S. 80. 81.

[12]) Archiv XI. 646. 647. XIII. 7. 225. 226. 243. 381. 382.

kung des Willens, der Freiheit des Entschlusses einer Person, gesetzt hätten. Für diese Ansicht fehlt es indess an quellenmässiger Begründung.[13]) Richtig erscheint dagegen die neuerdings allgemein festgehaltene Ansicht, wonach das crimen vis als ein äusserst vager Verbrechensbegriff, als ein sog. Aushilfeverbrechen zu betrachten ist, welches ähnlich, wie der Stellionat, eine grosse Anzahl wesentlich verschiedener Verbrechensarten umfasst, deren gemeinschaftliches Kriterium nur in der Form der Verletzung, der Gewaltthätigkeit, besteht. Wir wollen nunmehr die hierhergehörigen quellenmässigen Fälle des crimen vis im Einzelnen betrachten.

§ 6.
1. Nöthigung (crimen vis).

Ein selbständiges Verbrechen, wie es die neuere Doctrin in dem Verbrechen der Nöthigung aufstellt, kennt das römische Recht nicht. Nur ein Paar Fälle, welche in den Pandekten als Fälle der Gewalt unter der Rubrik des crimen vis genannt werden, würden ihrem Inhalte nach als Beispiele des Verbrechens der Nöthigung im Sinne der neueren Doctrin gelten. Es sind folgende:

1. Der Zwang einer Person zur Eingehung einer Obligation.

    l. 5. Dig. Marcian. ad legem Jul. de vi publ. 48. 6.

    (Lege Julia de vi publica tenetur) — — — —
    — — — qui per vim sibi aliquem obligaverit;
nam eam obligationem lex rescindit.

2. Der Zwang zur Tilgung einer Schuld.

---

[13]) Vgl. Henke III. 129. 130. Rosshirt. Gesch. und System des deutschen Strafrechts II. S. 89. N. 4. Koestlin Abhdlg. S. 421. John in der diss. cit; derselbe im Archiv 1854. S. 63. u. Haelschner III. S. 174 und N. 5.

l. 12. § 2. Dig. Ulpian. Quod metus causa gest. erit. 4. 2. Julianus ait eum, qui vim adhibuit debitori suo, ut ei solveret, hoc Edicto non teneri propter naturam metus causa actionis, quae damnum exigit, quamvis negari non possit, in Juliam eum de vi incidisse, et jus crediti amisisse.

3. gehört hierher noch ein dem Codex entlehnter Fall, betreffend das **Erzwingen oder Verhindern letztwilliger Dispositionen**.[14]

const. 1. Cod. si quis aliquem testari prohibuerit vel coegerit 6. 34. Civili disceptationi crimen adjungitur, si testator non sua sponte testamentum fecit, sed compulsus ab eo, qui heres est institutus, vel quoslibet alios, quos noluerit, scripserit heredes.

Welches crimen hier gemeint ist, lässt sich nicht bestimmt angeben.

In der folgenden const. wird nur erwähnt, dass die Nöthigenden als **unwürdige Personen** der Vortheile der Erbfolge verlustig gehen sollen (velut indignas personas a successionis compendio removeri).

In diesen Fällen wird vorausgesetzt, dass die vis in einem **körperlichen Eingriff** gegen die Person bestehe, die blos **psychologische** Einwirkung auf die Willenssphäre einer Person wird nicht als **strafbar** erachtet,[15] sondern hat nur bisweilen Civilnachtheile zur Folge.

Ein **Verbrechen der Bedrohung** in unserem modernen Sinne ist dem römischen Recht unbekannt. Die in den Pandekten im 4. Buch Titel 2: quod metus causa

---

[14] Ausführlich handelt hierüber Jacob. Menochius de arbitrariis judicum quaestionibus. Colon. 1574. II. p. 581.

[15] l. 3. Dig. Papinian. si quis aliquem testari prohibuerit vel coegerit (29. 6.) const. 3. Cod. Diocletian (6. 34): Judicium uxoris postremum in se provocare maritali sermone non est criminosum.

gestum erit, erwähnten Fälle von Bedrohung berechtigen nur zur Restitution;[16]) von einer ausserdem den Drohenden treffenden Criminalstrafe ist nirgends die Rede. Die Annahme Waechter's (Archiv XI, S. 640), dass in einem Bedrohen, welches sich auf eine solche Macht gründet, die zur Verwirklichung der Absicht nöthigenfalls mit persönlicher Gewalt geeignet ist, ein Versuch des crimen vis liege, dürfte, Mangels bestimmter Vorschrift, nicht unzweifelhaft sein.

§ 7.
2. Widerrechtliche Einsperrung.

Zuerst erwähnt dieses Falles Paulus[17]) im 5. Buche der Sententiae 26. § 3:

> Lege Julia de vi privata[18]) tenetur: qui quem — — — — obsederit[19]) cluserit etc.

---

[16]) John im Archiv des Criminalrechts N. F. 1854. S. 67. f. — Das im gemeinen Recht vorkommende Verbrechen der Bedrohung gehört nicht hierher; man verstand hierunter Bedrohung mit Störung der öffentlichen Ruhe und Sicherheit (Befehdung und Landzwang) und berief sich hierbei in der Doctrin bisweilen auf l. 9. dig. de extra ord. crim., welche vom Scopelismus handelt. Vgl. Carpzow pract quaestio 37. und über die spätere Entwickelung Glaser: Abhandl. aus dem österr. Strfr. I. S. 47. f.

[17]) Ob überhaupt und in welcher Weise früher die widerrechtliche Einsperrung geahndet wurde, lässt sich Mangels jeder Notiz nicht mehr feststellen. Vielleicht bediente man sich bei diesem Vergehen in der älteren republicanischen Zeit nur civilrechtlicher Rechtsmittel, wie der Injurienklage. Vgl. Rosshirt: Geschichte und System des deutschen Strafrechts. Bd. II. S. 77. f.

[18]) Diese Lesart ist nach Cujucius ad Paul h. l. gegen die in der Basler Ausgabe sich findende Lesart de vi publica et privata, welche auch Hotomann: obser. VII. 6. vertheidigt, aufrecht zu erhalten. — Vergl. das Rescript Diocletian's l. 3. Cod. 9. 12. Si confidis sponsam filii tui raptam esse, vel filium tuum inclusum, instituere solemni more legis Juliae de vi accusationem apud praesidem provinciae prohiberis.

[19]) Der widerrechtlichen Entziehung der Freiheit durch obsidere wird schon in der lex Lutatia (656 a. u.) gedacht, wie wir aus Cicero

In derselben Stelle giebt noch **Paulus** die zu seiner Zeit geltenden Strafen[20]) dieses Verbrechens an:

Quibus omnibus convictis, si honestiores sint, tertia pars bonorum eripitur et in insulam relegantur, humiliores in metallum damnantur.

Mit dieser Stelle bei **Paulus** steht die lex 5. Dig. Ad legem Juliam die vi publica (48. 6.)[21]) im Widerspruch, indem in diesem Excerpt dasselbe Verbrechen unter den Fällen der vis publica genannt wird. Dasselbe ist dem 14. Buche der Institutionen **Marcian's** entlehnt und lautet:

(Lege Julia de vi publica tenetur) — — qui hominem dolo malo incluserit, obsederit etc.

Dieser Widerspruch lässt sich nach den überzeugenden Ausführungen **Waechter's** (Neues Archiv des Criminalrechts Bd. XIII. S. 195—205) nur auf eine Nachlässigkeit **Justinian's** zurückführen, welche sich derselbe, gelegentlich der von ihm getroffenen neuen Theilung der vis in vis publica und vis privata,[22]) bei der Interpolation der in die Digesten aufzunehmenden Excerpte zu Schulden kommen liess. Nur so wird es erklärlich, wie z. B. das

---

pro Caelio I. wissen, wo diejenigen, qui armati senatum obsederint, mit Strafe bedroht werden. Auch hier wird das Moment der Strafbarkeit in der Form der Begehung (armis) zu suchen sein. cfr. Paul. l. c. — qui cum telo in publico fuerit, templa, portas, publicum armatis obsederit, cinxerit, clauserit, occupaverit.

[20]) Die ursprünglich durch die lex Julia de vi privata angedrohte Strafe findet sich in l. 1. § 1 Dig. Marcianus ad leg. Jul. de vi privata 48. 7. u. l. 12. § 4. Dig. de accus. 48. 2.

[21]) Vgl. Huschke: Jurisprudentia antejustinianea ad Paul. l. c.

[22]) Die Translocation des Verbrechens der Einsperrung passt übrigens nicht einmal zu dem von Justinian selbst in seinen Justitutionen § 8. IV. 18. und § 6. IV. 15. angegebenen Unterschiede zwischen vis publica und vis privata. Hiernach gehören zur vis publica blos Fälle bewaffneter Gewalt, während die Fälle unbewaffneter Gewalt, wie Einsperrung, unter die vis privata rubriciren. —

doch offenbar schwerere Verbrechen der Zusammenrottung, um Jemanden zu schlagen (qui convocatis hominibus vim fecerit, quo quis verberetur l. 2. Dig. ad leg. Jul. de vi priv. 48. 7.), unter die Fälle der vis privata gerathen konnte, während der Fall der Einsperrung eines Menschen unter den schweren Verbrechen der vis publica aufgezählt wird. Als Folge jener Translocation muss auch nach Pandektenrecht auf das Verbrechen der Einsperrung die Strafsatzung der lex Julia de vi publica Anwendung finden. Danach trifft honestiores Verbannung (deportatio in insulam), humiliores der Tod[23]) und ohne Ausnahme Todesstrafe d. h. ohne Unterschied des Ranges, solche, welche ein crimen vis zweimal oder öfter begangen haben, oder die bereits mit Infamie belegt sind (viles infamesque personae et hi, qui bis aut saepius violentiam perpetrasse convincentur, constitutionum divalium poena teneantur).[24])

Uebereinstimmung herrscht dagegen zwischen Paulus und Justinian bezüglich der Rubricirung des von Beamten gegen römische Bürger verübten Verbrechens der widerrechtlichen Freiheitsentziehung, um diese dadurch an der rechtzeitigen Einlegung ihnen zustehender Rechtsmittel zu hindern, indem sowohl Paulus als auch Justinian diesen Fall qualificirter Freiheitsberaubung zur vis publica rechnet.

Paulus: Sentent. 5. 26. § 1.

Lege Julia de vi publica damnatur, qui aliqua potestate praeditus civem Romanum, antea ad Popu-

---

[23]) § 8 Inst. de publ. jud. 4. 18. Die ursprünglich in lex Julia de vi publica angedrohte Strafe der aquae et ignis interdictio war z. Z. des Paulus in Deportation verwandelt. Siehe hierüber, wie überhaupt über den Wechsel in der Strafart unter den Kaisern bis auf Justinian: Waechter: a. a. O. XIII. S 221. f., ferner dessen Lehrbuch V. S. 8. und Rein: Criminalrecht der Römer S. 750.

[24]) const. 8. Cod 9. 12. Vergl. Waechter a. a. O. XIII. S. 240. und Rein a. a. O. S. 755.

lum, nunc ad imperatorem, appellantem — — —
in publica vincula duci jusserit. Cujus res poena
humiliores capitis, honestiores insulae deportatione
coercentur.

und im Pandektentitel ad legem Jul. de vi publ. (48. 6.)
l. 7. Maecianus (libro V. Publicorum).
Lege Julia de vi publica cavetur, ne quis [25])
reum vinciat, impediat, quominus Romae intra certum tempus adsit. [26])
Endlich hat noch Justinian im Codex Buch 9 Tit. 5
überschrieben: De privatis carceribus inhibendis, eine Constitution (const. 1.) des Kaiser Zeno (aus dem Jahre 486)
aufgenommen, nach welcher die widerrechtliche Einsperrung, wenn sie zur Erlangung gewisser Leistungen
vorgenommen wird, [27]) als crimen laesae majestatis angesehen werden soll. Die Constitution verbietet nämlich
den in den Provinzen begüterten Grossen, auf ihren Schlössern Privatgefängnisse anzulegen. [28]) Sie sieht darin eine
Anmassung von Hoheitsrechten und demzufolge eine Beleidigung der Majestät. Deshalb droht sie den Uebertretern und den Provinzialstatthaltern, welche, von solcher

---

[25]) i. e. qui, quum imperium potestatemve habeat, civem Romanum adversus provocationem etc. wie es in l. 7. ejusd. tit. heisst, zu welcher die darauf folgende l. 8 offenbar nur die Fortsetzung bilden soll. Beide leges geben den Inhalt der aus Paulus: sent. V. 26. § 1. citirten Stellen wieder und beziehen sich lediglich auf Freiheitsberaubung unter Missbrauch der Amtsgewalt.

[26]) cfr. Isidorus: Origines V. 26. — — vis publica est, si quis civem ante populum, vel judicem vel regem appellantem — — — vincerit.

[27]) Vgl. Zirkler: die gemeinrechtliche Lehre vom Majestätsverbrechen und Hochverrath 1836. S. 117. f.

[28]) Nur auf Befehl des Statthalters oder Ortsrichters (in der Residenz nur durch die höheren kaiserlichen Behörden) durfte Jemand in den Provinzen eingesperrt werden. Οὐδένα χρὴ ἐμβάλλεσθαι φυλακῇ χωρὶς κελεύσεως μεγάλων ἀρχόντων τῆς βασιλίδος πόλεως, ἐν δὲ ταῖς ἐπαρχίαις χωρὶς τῶν ταύτας ἰθυνόντων, ἢ τῶν κατὰ τόπους ἐκδίκων. (Aus der nicht glossirten Constitution Justinian's an Menna im Codex const. 6. lib. IX. tit. 4.)

Anmassung in Kenntniss gesetzt, einzuschreiten unterlassen, die Strafe der verletzten Majestät (Tod) an.[29]

Die unmittelbar in demselben Titel darauf folgende, übrigens restituirte und nicht glossirte, constitutio 2. ist milder. Danach trifft dergl. Uebertreter ohne Unterschied des Standes nur die Strafe der Talion. Bemerkenswerth ist noch, dass das Justinianische Recht zum Thatbestande des Verbrechens der Einsperrung das Bewusstsein der Widerrechtlichkeit (dolus malus) Seitens des Thäters bei Begehung der Gewalthandlung erfordert.[30]

§ 8.
3. Plagium.[31]

Die im letzten Jahrhundert der Republik[32] gegebene lex Fabia (oder Favia) de plagiariis zerfällt in zwei

---

[29] cfr. l. im Cod. Theod. de priv. carc. (9. 11.) si quis posthac reum privato carcere destinarit. Geschah die Freiheitsberaubung zu dem Zwecke, den widerrechtlich Detinirten zum Sclaven zu machen, so fand die lex Fabia Anwendung cfr. l. 6. § 2. Dig. Callistratus 48. 15. Lege Fabia cavetur: ut liber qui hominem ingenuum vel libertinum invitum celaverit, invinctum habuerit. Meister jun. Princip. jur. crim. § 174 rechnet auf Grund der l. cit. die inviti inclusio zum plagium.

[30] l. 5. Dig. 48. 6. — Die Einsperrung und Fesselung Rasender wird ausdrücklich geboten. l. 13. § 1. l. 14. Dig. de off. praes. (1. 18.) — Auch darf nach l. 25. Dig. ad leg. Jul. de adult. (48. 5) der Ehemann den bei der Frau ertappten Ehebrecher 20 Stunden testandae ejus rei gratia einsperren. cfr. Farinacius: varii quaestiones (Venetiis 1589) qu. 27. N. 21.

[31] Literatur: A. Matthaeus, de crim 48. 12, p. 592—595; Finestres, in Hermogeniani iur. epit. libr. VI. commentar. Cervar. Lacet. 1757. II. p. 989. — Nic. Krayvanger, ad 1. Fab. de plag. Lugd. Bat. 1744; C. E. Deyling; (pr. C. O. Rechenberg) ad leg. Fabiam de plag. diss. Lips. 1745; Lucas Stratenus; de leg. Fab. de plagiariis; Lugd. Bat. (1830). Rosshirt Gesch. u. Syst. S. 117. f.; Waechter Lehrb. II S. 37; Rein Crimr. der Römer. S. 386—392; die Dissertationen über das plagium von Müller (Hal. 1843), von Mizerski (Berl. 1865), Dobbelmann (Berol. 1866).

[32] Genauer lässt sich die Zeit nicht angeben. Vgl. Rein a. a. O. S. 387. u. Zumpt: Crimr. d. röm. Republik II. 2. S. 34.

Capitel, welche Bestimmungen über das **plagium**[33]) enthalten.

Im ersten Capitel wird derjenige mit Strafe bedroht, welcher widerrechtlich einen freien Mann in den Zustand der Unfreiheit versetzt, (qui hominem ingenuum vel libertinum cevalerit, in vinculis habuerit, emerit.),[34]) im zweiten Capitel derjenige, welcher einen fremden Sclaven zur Flucht verleitet, beziehungsweise dessen Aufenthalt vor seinem Herrn verheimlicht, (qui servo alieno servaeve persuaserit, ut a domino dominave fugiat, vel eum eamve invito vel insciente domino dominave celaverit).

Des plagii macht sich nicht nur der unmittelbare Theilnehmer (quive in earum qua re socius erit), sondern auch der, welcher einen freien Mann in Empfang nimmt (qui ex earum qua causa sciens liberum esse acceperit),[35]) schuldig.

Die Strafe bestand nach der lex Fabia ursprünglich in Geld (100,000 Sestertien für einen Freien, 50,000 für einen Sclaven).[36]) Erst in der Kaiserzeit trat eine bedeutende Strafschärfung ein. So berichtet Hermogenian,[37]) dass an Stelle der Geldstrafe die plagiatores gewöhnlich zur Arbeit in den Bergwerken verurtheilt werden (poena pecuniae in usu esse desiit; nam in hoc crimine detecti

---

[33]) Nach Isidorus Hispal.: Orig. s. Etymolog. lib. X. p. 262. kommt das Wort von dem griechischen πλάγιον und bezeichnet danach eine ungrade, schiefe, d. h. soviel, als unredliche Handlungsweise. Indess scheint die Ableitung von Petrus Gregorius Tolosanus: Syntagma juris civ. lib. XXXVI. c. 31. N. 3., wonach das Wort mit plaga (Netz) zusammenhänge, die wahrscheinlichere. D. A. ist auch Schrader: ad inst. IV. 18. 10. p. 777.

[34]) l. 6. §2. dig. ad leg. Fab. (48. 15).

[35]) l. 4. dig. h. t.; bezüglich des Sclaven l. 6. § 2. dig. h. t.

[36]) Vgl Huschke: Zeitschrift für geschichtliche Rechtswissenschaft Bd. XIII. S. 42., dem auch Rudorff: Röm. Rechtsgeschichte. (1857) I. S. 91 folgt. A. M. Zumpt a. a. O. S. 36.

[37], l. 7 dig. h. t.

pro delicti modo coercentur, et plerumque metallum damnantur). Noch weiter geht Constantinus, nach dessen Verordnung (l. un. Cod Theod. ad leg. Fab. 9. 18.)[38]) der Plagiator, falls er ein Sclave oder Liberte ist, beim ersten öffentlichen Spiele den Bestien vorgeworfen (servus vel libertate donatus bestiis primo quoque munere objiciatur), falls er dagegen ein Freier, unter der Maske eines Gladiators, bevor er sich noch vertheidigen könne, sofort niedergestossen werden solle (liber autem sub hac forma in ludum detur gladiatorium, ut antequam aliquid faciat, quo se defendere possit, gladio consumatur).

B.
Deutsches Recht.[39])

§ 9.

Im altgermanischen Recht geschieht ebenso, wie in den mittelalterlichen deutschen Rechtsquellen, einzelner Fälle der Freiheitsberaubung Erwähnung. Dieselben werden als selbständige Verbrechen unter besonderen Namen ein jedes mit seiner eigenthümlichen Strafe bedroht. So wird in den scandinavischen Rechtsquellen der Einschliessung (gewöhnlich im eigenen Hause) und des unrechtmässigen Bindens oder Fesselns (binda oc

---

[38]) l. 16. cod h. t.
[39]) Literatur: Wilda: Strafrecht der Germanen u. Osenbrüggen: Alemannisches Strafrecht S. 273 u. dessen Longobardisches Strafrecht S. 79 f. Zuweit geht Koestlin: Abhdlg. S. 423, wenn er meint, dass im altgermanischen u. mittelalterlichen Recht der Begriff der vis als eine Beschränkung der Willensfreiheit gar nicht entwickelt worden sei, zumal er selbst a. a. O N. 7. das Vorkommen des widerrechtlichen Bindens, Einsperrens und des Menschenraubes zugiebt. Waechter: Arch. XII. S. 347. läugnet sogar das Vorkommen der zuletzt genannten Verbrechensformen, welche freilich erst später von Wilda an's Licht gezogen worden sind.

basta, fioetra) eines freien Mannes als besonderer und schwerer Missethaten gedacht. In der isländischen Graugans wird die widerrechtliche Einschliessung mit der Strafe der Verbannung bedroht,[40]) und nach dem Gulathing-Gesetz[41]) wird derjenige, welcher einen freien Mann bindet, als Friedensbrecher bestraft.[42]) In den deutschen Volksrechten werden dagegen die Fälle der Freiheitsberaubung meist nur als Injurien (causae minores) behandelt und mit verhältnissmässig geringen Busssätzen bestraft.[43]) Uebrigens blieb der Thäter

---

[40]) Gragas Vigslodi c. 68. (Um byrging): Wenn ein Mann einen andern in ein Haus einschliesst, so dass er nicht heraus kann, ohne die Riegel, die Balken oder das Dach des Hauses zu brechen, oder wenn er ihn festhält, ihn an der Fortsetzung seines Weges in irgend einer Weise so lange verhindert, dass er indess eine Schussweite oder länger hätte zurücklegen können, so gehe er in die Verbannung.

[41]) In demselben Gesetz wird auch das Einsperren mit der Wegsperre (in dem ed Roth. c 26. „Wecworin" genannt) zusammengestellt. Ueber Letztere als eine Art Freiheitsbeschränkung s. Wilda S. 780. u. Osenbrüggen: Longob. S. 79. N. 2.

[42]) d. h. es genügte nicht die an den Verletzten zu zahlende Composition, sondern der Thäter muss auch dem Könige büssen pro freda: so erhält nach altnorwegischem Recht der König 15 Mark Silber zur Lösung des Friedens, nach altdänischem Recht, wie bei den schwersten Gewaltthaten, der Verletzte 40 Mark und ebenso viel der König. Vgl. Wilda S. 796.

[43]) l. Bajuv. III 9. Si quis liberum contra legem per vim pro pignore tenuerit, aut in domo recluserit, ut liberum non habeat egressum cum XL. sol componat; Ibid. III. 1. 7. Si quis liberum funibus ligaverit contra legem, XII. sol. cpt. § 8. Si cum per vim amplexaverit et non ligaverit cum VI. sol. cpt. Lex Sal. em. XXXIV. § 1. Si quis hominem sine causa ligaverit . . sol XXX. culp jud. § 2. Si vero eum ligatum in aliquam partem duxerit . . sol. XLV. culp. jud. Aehnliche Bestimmungen enthalten die leges Fris. XXII. 32. Burg. XXXII, Rip. XLI, Wisigoth. VIII. 1. 4. Pactus Alam. II. 34. III. 5. 12. Hloth. XLVI—XCVIII. Nach der lex Angl. VII. 5. zahlte der Thäter 10 Schilling, wenn er einen Freien, 30, wenn er einen Adligen unrechtmässig gebunden hatte. — Nach der lex Frisionum l. c. mussten ausser der Composition, wie in den nordischen Rechten, dem Könige

straffrei, wenn die Freiheitsentziehung gegen einen auf frischer That ergriffenen Missethäter verübt wurde, um sich seiner Person zum Zwecke der Ueberlieferung an die Gerichte [44]) zu versichern.

Im Sachsen- und Schwabenspiegel finden sich keine Bestimmungen. [45])

Die mittelalterlichen deutschen Rechtsquellen erwähnen des Verbrechens der Einsperrung als eines Actes rechtswidriger Selbsthilfe oder als Verletzung der, angesessenen Bürgern gewährten, Arrestfreiheit sehr häufig. [46]) Das Ergreifen auf frischer That und in andern durch besondere Umstände gerechtfertigten Fällen blieb straffrei. [47])

---

pro freda 12 Schillinge gezahlt werden und nach dem longobardischen Recht. (ed. Roth. c. 42.) fiel ein drittel des Wergeldes an den König, der Gebundene erhielt zwei drittel.

[44]) Vgl. auch lex Rib. LXXVII. welche an l. 25. Dig. ad leg. Jul. de adult. erinnert. (Gaupp: Ges. der Thüringer. S. 372 u. Wilda a. a. O. S. 795.)

[45]) Das Verbrechen des „Menschenfangens", welches der Sachsenspiegel II. 13. § 5. mit der Schwertstrafe bedroht, ist, wie dies auch im Schwabenspiegel 227 (L.) geschieht, als Menschenraub zu nehmen.

[46]) Rechtsbuch nach Distinctionen IV. c. 40. dist. 1; ferner Stadtrecht von Landshut in Baiern a. (1279) § 1. 17; Stadtrecht von Regensburg a. (1230) § 5. (Vgl. auch Friedgerichts-Puech der Stadt Regensburg: Von Vängnuss in der Stat. (bei Freyberg: Samml. V. S. 68); Stadtrecht von Eisenach (1283) § 8; Freiburger Stiftungsbrief a. (1120) § 23. § 29; Freiburger Stadtrodel aus dem Anfang des dreizehnten Jahrhunderts § 46; Berner Handfeste a. (1218) N. 29; Stadtrecht von Colmar a. (1293) § 17 u. 24; Handfeste von Freiburg im Uechtland a. (1249) § 73 u. 75; Burgdorfer Handfeste von (1326) N. 117; Stadtrecht von Dattenried a. (1358) N. 24; (sämmtlich aus Gaupp: Deutsche Stadtrechte des Mittelalters. Bd 1 u. 2. 1851. 52. entlehnt); ferner Handfeste von Bremgarten a. (1309) § 22; und die Baseler Verordnung von (1413) bei Osenbrüggen: Alam. Strafrecht S. 273 ff.

[47]) Besonders das Memminger Rechtsbuch a (1396) in Freyberg's Samml. V. S. 285 ff.

§ 10.

Neben der Freiheitsberaubung durch Festhalten (slofbende), Binden (ligare sine causa, gebinde man unsynnigne), Fesseln (binda oc basta) wird in den deutschen Volksrechten der Freiheitsberaubung durch **Raub** und **Verkauf freier Leute** (plagiare et vendere, furare et vendere) Erwähnung gethan.[48])
Dieselben strafen dieses Verbrechen, gleich der Tödtung, indem sie fast durchweg vom Thäter Zahlung des Wergeldes an die Verwandten des Verkauften verlangen, ermässigen jedoch die Geldstrafe um die Hälfte, falls der Thäter den Geraubten und Verkauften zurückbrachte.

In den Rechtsbüchern wird dieses Verbrechen nur selten erwähnt:

Sachsenspiegel II. 13. § 5:
„die den man slat oder vat oder rovet — — den sal man dat hovet afslan."

Schwabenspiegels Landrechtsbuch
(ed: Gengler. 1853.) cap. 188. § 1.
„Da ein mensche daz ander stilt, daz ist ouch diupheit; und begrifet manz bi im, man schiubet ez uf in alz ander gut, daz diubic ist. Und swie iunc oder swie arm ez ist, man sol in dar umbe henken; wan ein mensche ist vil tiurer danne ein michel teil gutes."

Die letztere Vorschrift ist dem kanonischen Recht entlehnt, welches, im Anschlusse an das mosaische Recht, (Exod. XXI. 16.) denjenigen für einen todeswürdigen Verbrecher erklärt, der einen Menschen stiehlt oder verkauft:

---

[48]) lex Sax. XX. Angl. et Werin. II (de furtis) 6. 7; Fris. Alam. Pactus III. 12. Hloth. XLVI sqq. Baiw. XV. 5. Liutpr 48; nach dem Rip. Gesetz XVI tritt die Strafe des Mordes d. i. das 3fache Wergeld ein; vgl. Osenbrüggen: langod. Stfr. S. 78. 79. u. Haelschner: Syst. III. S. 188.

Cap. 1. X. de furtis (5. 8.).

„Qui furatur hominem et vendiderit eum, convictus noxae morte moriatur."[49])

§ 11.

Die **Reichsgesetzgebung** beschäftigte sich nur nebenher mit einzelnen Formen strafbarer Verletzungen der Willensfreiheit. So erwähnen die Reichsgesetze der **widerrechtlichen Gefangenhaltung** und des **Menschenraubes** unter den Arten des **Landfriedensbruches.** Nach dem **Reichsabschiede vom J. 1512** tit. IV. „Von den Gotteslästerern" § 6.[50]) wird unter Anderem derjenige, welcher, „den andern heimlich **fahet — — hinwegführet, zu Zeiten für sich selbst enthält, zu Zeiten andere verkauft oder übergiebt oder in andere Hände fahet,"** sowie dessen „Zuschieber" und „Enthalter" für einen Missethäter erklärt und mit peinlicher Strafe bedroht.

Auch werden in demselben Paragraphen die Formen bestimmt, unter welchen gegen den Thäter, „sowie gegen einen Mörder, Todtschläger und Mordbrenner" verfahren werden soll. Alles dies wird grösstentheils wiederholt in dem **Landfrieden vom J. 1521.** Tit. VII. § 8. ff. und vom J. 1522.[51])

Die **Carolina** schweigt gänzlich.[52])

---

[49]) Vgl. capitul. VI § 9. u. Geyer bei Holtzendorff a. a. O. S. 598. N. 5.

[50]) Aus der Senckenberg'schen Samml. der Reichsabschiede Frankf. (1747) Thl. II. S. 142.

[51]) Vgl. Rosshirt a. a. O. II. S. 120. C. O. Müller De Plagio (Halis 1843) p. 16—19.

[52]) Nach Kress Comm. zur Carol. ad art. 175 § 2. S. 633. quia plagium tunc fuerit de rarissime contingentibus.

C.
Gemeinrechtliche Doctrin.[53]

§ 12.

Die gemeinrechtliche Doctrin des 16., 17. und 18. Jahrhunderts [54] griff bei dem Mangel ausreichender Bestimmungen auf das römische Recht zurück. Man folgte hierbei, wie gewöhnlich, dem Beispiele der italienischen Criminallisten. Diese behandelten besonders im 16. Jahrhundert — abzüglich des plagium, welches Verbrechen sie im Anschlusse an das römische Recht [55]) als delictum sui generis ansahen — diejenigen Verbrechensformen, welche wir zu der Rubrik der Verbrechen gegen die Willensfreiheit zählen, als Fälle des crimen vis. —

Die Art der Darstellung ist durchaus ungenügend. Ohne auf eine Systematik des Stoffes Bedacht zu nehmen, beschränken sich die Schriftsteller fast durchweg auf eine meist nur dürftige Paraphrasirung der Quellen. Von einer tieferen, auf das Wesen der einzelnen hierher gehörigen Verbrechensformen eingehenden, Behandlungsweise findet sich nicht die Spur.

Am Ausführlichsten beschäftigt sich noch Tiberius Decianus [56]) († 1581) mit dieser Lehre. An die Spitze stellt er die von Justinian gegebene Eintheilung der vis in publica und privata vis, je nach dem die Gewaltthätigkeit

---

[53]) Vgl. Waechter: Archiv XIII S. 374 ff.; John: Archiv 1854. S. 60; und Haelschner III. S. 175. 176.

[54]) Vgl. ausser den im Text genannten noch Joh. Harpprecht. Tractatus criminalis. Tubing. p. 824. sqq., Matth. Wesenbeck: Com. in Pandectas lib. 48. tit. 6. Modest. Pistor: Illustrium quaestionum juris tum communis tum Saxonici quaestio 104. Schilter praxis juris Romani in foro Germanico exerc. 49. S. 109 sqq.

[55]) Die älteren Italiener berühren das crimen vis fast gar nicht. Vgl. Haelschner III. S. 175.

[56]) Tractatus criminalis (Frankof. ad M. 1591) lib. VIII. cap. I—XX.

mit oder ohne Waffen verübt wird.[57] Hieran reiht er die einzelnen Fälle der leges Juliae im Wortlaute der Quellen (cap. I.). Die darauf folgenden Capitel (II.—V.) enthalten eine detaillirte Uebersicht der Fälle, welche cum armis verübt zu werden pflegen, ferner der Instrumente, welche unter die Bezeichnung „Waffen" fallen (quid veniat appellatione armorum), endlich der Personen, welchen das Waffentragen verboten ist. Unter den Fällen der vis publica werden Entführung (cap. VI.—XIV.) und Nothzucht (cap. XV.) besonders hervorgehoben. — Zum Schluss giebt Decianus in bunter Zusammenstellung eine Auswahl quellenmässiger Strafsatzungen, fügt aber hinzu, dass die Praxis, ohne sich an dieselben zu kehren, arbiträre Strafen eintreten lasse.[58]

In ähnlicher Weise, nur weniger ausführlich, behandeln Ludovicus Carerius,[59] Julius Clarus[60] und Menochius[61] diese Lehre.

Ausser den genannten Italienern sind von ältern Schriftstellern noch der Niederländer Jodocus Damhouder

---

[57] cap. I. Quod autem attinet ad materiam nostram criminum, vis quae in crimen transit et puniri potest, duplex est: Publica scilicet et Privata: inter quas haec constituitur differentia a Justiniano quod publica cum armis, privata sine.

[58] cap. XVIII. de Poenis vis publicae et privatae N. 5. Hodie vero in locum interdictionis aquae et ignis successit deportatio pro poena ordinaria vis publicae. N. 19. Hodie vero usus et praxis obtinuit, ut pro vi publica et privata extraordinarie, et poena arbitraria puniantur; et est ratio, quia hodie poena deportationis non est in usu, deo succedit poena arbitraria.

[59] Practica criminalis (ed. Venetiis 1556) fol. 36—43.

[60] Sententiarum recept. (ed. Francof. 1576) lib. V. qu. 83.

[61] De arbitrariis Judicum Quaestionibus et Causis (Coloniae 1574) lib. II. centur. IV. casus 394; Menochius († 1607) giebt eine Uebersicht über die, hinsichtlich des Unterschiedes der vis publica und privata damals herrschenden, 3 Lehrmeinungen.

und **Benedictus Carpzow** erwähnenswerth. Obwohl sich Beide gleichfalls eng an das römische Recht anschliessen, versuchten sie doch schon aus der Summe der einzelnen, zum crimen vis gehörigen, Fälle allgemeinere Begriffe zu abstrahiren. So bezeichnet **Damhouder** [62]) unter Anderem auch den Zwang einer Person zu einer ihr nachtheiligen Handlung und **Carpzow** [63]) die Behinderung der persönlichen Freiheit als einen Fall des crimen vis.

Danach lehrte:
1. **Duarenus** und **Paulus Manutius**, welchen sich auch **Menochius** anschliesst:
"Publicam vim illam esse, quae armis fit, privata, quae sine armis."
2. **Robertus Aurel**:
vim publicam esse, quae meditata atque parata prius est, quam fieret; privatam vero vim non eo solo, quod sine armis fit, sed quia nulla praecedit praemeditatio, aut consilium.
3. **Jacobus Cujacius**:
legem Juliam de vi publica poenam initio sanxisse tantum adversus publicarum personarum i. Magistratuum in cives Rom. immoderatam vim. Lege autem Julia de vi privata poenam esse sancitam adversus privatorum vim.

Vgl. noch **Aegidius Bossius**:
(Practica et Tractatus varii sui Quaestiones (Basil. 1578) tit.: de vi publica et privata. N. 1, welcher unter den Fällen des crimen vis einen in damaliger Zeit häufigen Fall der Nöthigung hervorhebt, nämlich den, von den Grossen auf ihren Burgen und Schlössern auf dem Lande gegen die umwohnenden Bauern mit Gewalt ausgeübten, Zwang zur Leistung nicht gesetzlicher Feld- und Spanndienste. Die Strafe für dieses Verbrechen bestand in Deportation.

[62]) Praxis rerum crim. (Antverpiae 1570): cap. 97. summarium: Publica vis fit cogendo ad damnosa, vel promittenda vel facienda. Unter den Fällen des strafbaren Zwanges gedenkt er auch der Nöthigung des Richters zur Fällung eines ungerechten Spruches: Publica vis fit cogendo ad iniquam sententiam.

[63]) Practica nova imperialis Saxonica rerum crim. (ed. Boehmeriana Francof. a. M. 1758). .

Bei Letzterem lesen wir (l. c. quaestio. 40.):

Haec autem vis, nempe publica, committitur, hominis libertatem impediendo, metu aliquem cogendo ad aliquid faciendum aut se invitum obligandum.

Auch macht sich schon bei Carpzow das Bestreben bemerkbar, den Umfang des crimen vis publicae durch Ausscheidung einer Anzahl von Fällen zu beschränken, welche er, nach dem Vorgange der Reichsgesetzgebung als selbstständige Verbrechen — Landfriedensbruch-Sachen — behandelt. [64])

Die Strafe ist nach Carpzow für beide Arten der Gewalt eine arbiträre, wenn das Verbrechen nicht in ein anderes öffentliches, mit dem Tode zu bestrafendes, Verbrechen übergeht. [65])

§ 13.

Die Criminalisten des 18. Jahrhunderts gewöhnten sich, nach und nach immer mehr benannte Fälle verbrecherischer Gewalt (vis nominata) von dem Gebiet des crimen vis auszuscheiden und als selbständige Verbrechensarten zu behandeln. [66]) Dadurch wurde das crimen vis

---

[64]) Zur Annahme eines Landfriedensbruchs (crimen fractae pacis) setzt Carpzow l. c. dreierlei voraus:
1. vis publica eaque major, quam sit ei resisti queat.
2. vis armata, quae scilicet fit manu armata, hoc est cum armis, et quidem coactis coadunatis hominibus.
3. dolus malus et quidem verus dolus, hoc est propositum et destinata voluntas offendendi, praecedente consilio et data opera.

[65]) l. c. N. 7. At de hodierno consuetudine, tam pro vi publica, quam privata, poena arbitraria obtinet; adeo judex ob commissam vim publicam seu privatam, quae neque in crimen fractae pacis publicae, neque in aliud delictum publicum, ut latrocinium, rapinam homicidium etc. pro quibus poena mortis — — incidit, poenam arbitrariam — — reo infligere potest.

[66]) z. B. Meister d. Aelt. § 383 ff.; Klein § 190.

selbst ein neues selbständiges Verbrechen von subsidiärer Bedeutung. Man verstand nämlich jetzt darunter alle nicht benannten Verbrechensarten, zu deren Begehung Gewalt vorausgesetzt wurde (vis innominata). Dabei überwog anfänglich die Auffassung, dass diese Verbrechensformen nur Verletzungen der publica securitas beträfen, indem durch vis allemal der Staat, wenigstens mittelbar, gestört werde. So definirt z. B. Koch[67]) das crimen vis geradezu als delictum, quo laeditur securitas publica per vim illicitam. Manche, wie z. B. J. S. F. Boehmer[68]) und Püttmann[69]) reden überhaupt nicht mehr vom crimen vis, sondern nur von der vis publica.[70]) Zwar hat die spätere Doctrin den Kreis der zum crimen vis gehörigen Verbrechensformen wiederum erweitert und auch die Fälle der Privatgewalt hineingezogen. Allein sie kam über die Construction eines äusserst vagen, rein formalen Verbrechensbegriffes, bei welchem, wie im römischen Recht, lediglich die Form der Begehung das entscheidende Merkmal bildet, niemals hinaus.

Die Strafe war in Deutschland stets eine arbiträre. Das von der heutigen Doctrin unter der technischen Bezeichnung „Nöthigung" als delictum sui generis in das System des Strafrechts eingeführte Privatverbrechen, welches lediglich die Willensfreiheit zum Objecte hat, wird nirgends bestimmt hervorgehoben.

§ 14.

Um die Unbestimmtheit des Begriffes des crimen vis einigermassen zu mildern, wird nach Feuerbach's[71])

---

[67]) inst. jure crim. § 592.
[68]) elem. jur. crim. Sect. II. § 98.
[69]) elem. jur. crim. § 181.
[70]) Aehnlich Engau elem. jur. cr. § 503—522; Meister d. Aelt. § 383 sq., Meister der Jüngere § 318 und selbst neuerdings noch Rosshirt: Geschichte II. S. 109 ff.
[71]) Schon vorher hatte Grolman in seinen Grundsätzen etc. § 230 f. das crimen vis als das gegen die persönliche Freiheit gerich-

Vorgange, welcher das crimen vis zu den sogenannten formell vagen Verbrechen zählt,[72]) bis in die neuere Zeit in den Lehrbüchern und Compendien des gemeinen deutschen Strafrechts der Definition des Verbrechens der Gewalt die clausula generalis beigefügt: „**soweit die (Gewalt-) Handlung nicht in ein anderes bestimmtes Verbrechen übergeht.**"[73]) — Ueberhaupt gegen die Aufnahme des crimen vis in das gemeine deutsche Strafrecht erklärte sich **Jarcke**[74]) wegen der Unbrauchbarkeit dieses specifisch römischen Verbrechensbegriffes. Der **modernen rechtsphilosophischen** Auffassung des crimen vis als eines Verbrechens gegen die Freiheit des Willens begegnen wir in der Theorie zuerst bei **Tittmann.**[75]) Dieser behandelt, mit Beiseitesetzung des römischen Rechts, das crimen vis, welches hier zum ersten Male mit „**Nöthigung**" bezeichnet wird, neben dem Verbrechen der **widerrechtlichen Einsperrung**, der

---

tete Verbrechen bezeichnet, als die widerrechtliche Anwendung körperlicher Kräfte, um jemanden zu Leiden oder zu Entschlüssen und Handlungen zu bestimmen. Diesen Thatbestand engte Grolman noch durch den negativen Zusatz ein, dass die Handlung weder blos in der Absicht, die Ehre zu verletzen, vorgenommen werde, noch in eine der benannten besonderen Arten dieses Verbrechens (als Raub, Nothzucht und Entführung) übergehe Die Fälle der vis publica finden in dem crimen vis keinen Raum —

[72]) d. h. nach **Feuerbach** (§ 388 in d. 12. Aufl.) solchen, welche zum Thatbestande weder einen bestimmten Gegenstand noch einen bestimmten gesetzwidrigen Erfolg noch einen gesetzlich bestimmten Zweck der Person erfordern und blos durch die Form der Handlung selbst zur Uebertretung werden. Vgl. Glaser Abhdl. aus dem österreich. Strafr. I. (1858 S. 63 f.)

[73]) Vgl. **Feuerbach** § 399; **Salchow** § 451 f.; **Martin** § 184 f.; **Rosshirt** § 135 S. 286; **Henke** Bd. 3 S. 127 f., u. A.

[74]) Handbuch des gemeinen deutschen Strafrechts (1828) II. S. 176 bis 185. 72. 73. 74.

[75]) Vgl. Beiträge zu der Lehre der Verbrechen gegen die Freiheit in Handb. Bd. 1 § 185; ferner **Koestlin** Abhdl. S. 417 f., und **Berner**: Lehrb. § 168; **Haelschner**: Syst. III. S. 172 f., und **Geyer** bei **Holtzendorff** Bd. III. S. 568 f.

Entführung und dem Menschenraube unter der gemeinsamen Rubrik der Verbrechen gegen die Freiheit [76]) als ein selbständiges Verbrechen. Gegen das Vorgehen Beider (Jarcke's und Tittmann's) erklärte sich mit Entschiedenheit Waechter.[77]) Nach des Letzteren Meinung sind die römischen Bestimmungen über das crimen vis nicht nur im Ganzen (d. h. die Aufstellung eines solchen crimen vis, wie es im Wesentlichen bei den Römern festgestellt war,) in Deutschland recipirt worden, sondern es sollen dieselben auch vom legislativen Standpunkte zu rechtfertigen sein. Es sei demnach unstatthaft, in einem Handbuche des positiven gemeinen deutschen Strafrechts von einem Verbrechen gegen die persönliche Freiheit, beziehungsweise gegen die Willensfreiheit, zu reden und hierzu die Nöthigung, die Einsperrung, den Menschenraub und dergl. zu rechnen. Denn, wenn auch zuzugeben sei, dass das ältere germanische Recht und einzelne mittelalterliche Stadtrechte einzelne Fälle von Verbrechen wider die persönliche Freiheit als selbständige Verbrechen behandeln und eine besondere Strafe für jeden Fall androhen, so könne doch von diesen particularen Rechtsquellen eine gemeinrechtliche Geltung nicht behauptet werden. „Da nun," fährt Waechter weiter fort, „die Reichsgesetze bezüglich der Verbrechen wider die persönliche Freiheit eine Lücke enthalten, so liege nichts näher, als jene Lücke der einheimischen Gesetzgebung, wie die sauch für solche Fälle die P. G. O. (art. 105) selbst vorschreibe, durch das recipirte römische Recht zu ergänzen."

Auf Grund dieser Auffassung rangirt Waechter die Fälle der widerrechtlichen Freiheitsentziehung (in specie die Einsperrung) und die Nöthigung unter den umfassenden Begriff des crimen vis.

---

[76]) Schon die Josephinische Gesetzgebung enthält diese Rubrik. In derselben findet sich indess nur Menschenraub, Entführung und unbefugte Gefangenhaltung.
[77]) Archiv XII. S. 343—350.

Der ganze Streit hat indess nur eine geringe Bedeutung; denn auch Waechter, dessen Nachweis bezüglich der Reception des römischen Rechts [78]) nicht anfechtbar sein dürfte, kommt bei seinem Festhalten am römisch-rechtlichen Standpunkte doch nicht weiter als Tittmann, welcher am Anfange dieses Jahrhunderts einen neuen, in der Natur der Sache begründeten, Verbrechensbegriff schuf und in das System des gemeinen deutschen Strafrechts einführte. Die Strafen des römischen Rechts will Waechter doch selbst nicht angewendet wissen [79]) und die begriffsmässige Darstellung der einzelnen Verbrechensformen bleibt bei beiden Richtungen dieselbe, nur löst Waechter, um der Historie treu zu bleiben, die Familie der Verbrechen wider die persönliche Freiheit auf und reiht dann die einzelnen Fälle in den Formalbegriff des crimen vis, welchem er, freilich in höchst künstlicher Art, ein gemeinsames, den römischen Quellen fremdes, Kriterium aufzwingt. [80]) Die neueste Doctrin ist bei der antirömischen Systematik stehen geblieben. Man wird ihr den Vorwurf der Willkürlichkeit nicht mehr machen können, da sie nicht mehr, wie die gemeinrechtliche Doctrin, an das römische Recht gebunden ist. Nach der jetzt herrschenden communis oppiono giebt es eine Gattung von Verbrechen, deren **Object lediglich die Willensfreiheit ist und zu welcher die Nöthigung als ein Hauptfall zu rechnen ist.** Anhänger dieser Theorie sind alle Neueren, wie z. B. Koestlin,[81]) John,[82]) Haelschner,[83]) Berner[84]) und Geyer.[85])

---

[78]) Archiv XII. S. 381—389. Koestlin a. a. O. S. 424.
[79]) Archiv XII. S. 384. und XIII. S. 411 ff.
[80]) John: Archiv N. F. 1854. S. 63 ff. Vgl. oben S. 6.
[81]) Abhdl. S. 417 ff.
[82]) a. a. O.
[83]) Syst. III. S. 372 ff.
[84]) Lehrb. § 168.
[85]) a. a. O. S. 572.

§ 15.

Die übrigen hierher gehörigen Verbrechensformen, erfuhren, wie der **Menschenraub**, entweder von vornherein eine gesonderte Behandlung oder sie lösten sich, wie die **widerrechtliche Einsperrung**, nach und nach von dem Verbrechensbegriff des crimen vis los und begründeten als delicta sui generis in Literatur und Gesetzgebung eine Sonderexistenz.

Was insbesondere die **widerrechtliche Einsperrung** anlangt, so behandelten dieselbe schon die Italienischen Criminalisten als ein selbständiges Verbrechen. Ueber die Bestrafung herrschte bei ihnen Streit. Während nämlich die Einen, **Angelus Aretinus**,[86]) **Paris de Puteo**,[87]) **Decianus**[88]) (unter Berufung auf Cynus und Baldus), sich auf die constitutio 1. Cod. de privatis carceribus stützten und demzufolge das Verbrechen als crimen laesae majestatis mit dem Tode straften, verlangten Andere, wie **Clarus**[89]) und **Farinacius**[90]) arbiträre Bestrafung.

Für die erstere Ansicht entschied sich **Damhouder**,[91]) für die letzere **Carpzow**,[92]) der für die deutsche Praxis besonders wichtig wurde.

---

[86]) de maleficiis tractatus (Venetiis 1578): de carceribus privatis N. 1. (p. 461.) — — nam si aliquis tenet aliquem in carcere privato, sive in domo sive in agro, imponitur ei capitalis, ut cod.: de priv. carc.

[87]) Tractat. de re militari lib. 9. § an si similis n. 9.

[88]) l. c. lib. VII. cap. 9. N. 7. Item eadem ratione, qui privatum carcerem exercet ultra 20 horas, in hoc incidet crimen; cum enim est hoc sit meri Imperii, illud usurpans, dicitur publicam laedere Majetatem.

[89]) sent. lib. V. § ult. qu. 68 fin.

[90]) Varii quaestiones: (Venetiis 1589) qu. 27. N. 35. Der daselbst citirte **Aegidius Bossius** l. c. tit. carcere erklärt nur nebenher den Begriff des carcer privatus, über die Bestrafung äussert er sich gar nicht.

[91]) l. c. cap. 64. de privatis carceribus faciendis.

[92]) Pract. qu. III. qu. 81—83.

Die Einsperrung, welche nur als Ausfluss der väterlichen, maritalischen oder herrschaftlichen Gewalt erscheint, erklärten Beide nach dem Vorgange der Italiener [93]) für straflos. [94]) In der Literatur des 18. Jahrhunderts wird der widerrechtlichen Einsperrung gar nicht mehr gedacht; nur Engau [95]) erwähnt einmal nebenher der injusta hominis incarceratio. In der Praxis blieb die Strafe stets eine arbiträre; bisweilen beurtheilte man, wie bereits Damhouder [96]) in einem Specialfalle gethan, die Freiheitsberaubung als Injurie. So wurde nach Sachsenrecht dem Verletzten eine besondere Busse zuerkannt. [97]) Gegen diese Auffassung erklärte sich Erhard. [98]) Dieser fasste zuerst die unrechtmässige Einsperrung neben Menschenraub und Entführung in einem besonderen Abschnitte zusammen, welchen er „von den Verbrechen wider die persönliche Freiheit" überschrieb. Zugleich verwarf er die romanistische Richtung, welche diese Verbrechensgattung als eine untergeordnete Species des crimen vis umfasste. Ihm folgen Salchow, [99]) Titt-

---

[93]) Vgl. statt aller übrigen Decianus cap. X No. 5. 6. — Ebenso gilt die Einsperrung einer Hure zu Zwecken der Wollust als straflos. Vgl. Angel Aret. l. c. qui judex dictum Cajum etc. N. 10, woselbst er sich auf Bartolus beruft; Farinacius l. c. N. 25 u. 26.

[94]) Carpzow l. c. qu. 82 und 83 und Damhouder l. c. No. 2.

[95]) Elem. l. c. II 107.

[96]) l. c. cap. 15 No. 1 betrifft den Fall, da ein Justizbeamter eine Einsperrung aus Versehen bewirkt.

[97]) Carpzow l. c. N. 71. Chil. Koenig in proc. c. 120. Schubarth de emenda Saxonic. injuste incarcerato praestanda (1719) und Heffter: Lehrb. § 287 a. E.

[98]) Handb. des chursächsischen peinlichen Rechts § 308.

[99]) §§ 170. 171.

mann,[100]) Jarcke,[101]) Hencke,[102]) Bauer[103]) und alle Neueren.[104])

§ 16.

Bezüglich des **Menschenraubes** schloss sich die gemeinrechtliche Doctrin und in Folge davon auch die Praxis,[105]) ungeachtet des Vorhandenseins einheimischer Gesetzesbestimmungen, wie gewöhnlich, den Italienern an. Diese gingen wiederum vom römischen Rechte aus.[106]) So besonders Angelus Aretinus,[107]) Clarus,[108]) Bajardus[109]) und Bossius.[110]) Nach ihnen trifft den Plagiarius Todesstrafe. Die deutschen Criminalisten des 17. und 18. Jahrhunderts suchen bei der Behandlung dieser

---

[100]) Beiträge S. 6. 13 f., dessen Handb. I. § 189.
[101]) Handb. II. S. 176—185.
[102]) Handb. II S. 139 f.
[103]) § 195 f.
[104]) Nur Martin § 213 N. 6, Waechter Archiv XIII. S. 395 N. 27 und Abegg S. 372 folgen ganz dem römischen Recht.
[105]) Schon in der „Meisznischen Land- und Berg-Chronika" des Peter Albinus (Dreszden 1589 I. tit. 21 S. 265—275) lesen wir bei Erzählung des Sächsischen Prinzenraubes a (1458):
„er (Cunz von Kauffungen) sey ein Plagiarius" — — — do es doch offenbar, das in den Römischen Rechten diejenigen plagiarii genennet werden, so eynen Freygeborenen Menschen ohne sein Willen verbergen, gefenglich halten, wissentlich kauffen oder kuppeltheil mithaben."
Item diejenigen, so einen Knecht oder Magd von seinem Herren abhalten, dass sie entlauffen, dieselben verbergen, gefenglich halten — —; Vielmehr aber so die Leut stehlen, wie beide aus den Digestis und Codice ad legem Fabiam de Plagiariis zu sehen etc.
[106]) Vgl. Schütze Lehrb. S. 413.
[107]) Com. ad § 10 Institut. IV. 18 N. 5 (Lugduni 1564).
[108]) Sentent. recep. V. fine qu. 68 N. 31.
[109]) add. Jul. Clari qu. cit. N. 81.
[110]) Tractatus varii etc. de plagiariis.

Lehre den Begriff des plagium für die in damaliger Zeit am häufigsten vorkommenden Fälle, wie Kindesraub,[111] Pressen zum Kriegsdienst (plagium militare) und dgl. zu verwenden.[112] Nur in dem Falle, dass ein freier Mann in Sclaverei gebracht worden ist, behalten sie die Todesstrafe bei; in allen anderen Fällen lassen sie arbiträre Bestrafung eintreten.[113]

Seit dem Ende des vorigen Jahrhunderts verschwindet das den Bedürfnissen der Zeit nicht mehr entsprechende plagium ganz aus den Lehrbüchern des gemeinen Strafrechts. An seine Stelle tritt das Verbrechen des Menschenraubes. Ueber den Begriff dieses Verbrechens herrschte von jeher keine Uebereinstimmung. Nach der sich schon bei Jacob de Belvisio,[114] Bonifacius de Vitalinis,[115] Clarus,[116] Farinacius,[117] Damhouder[118] und

---

[111] Vgl. auch Damhouder Prav. rer. crim. c. 112 N. 41 S. 314.

— — — plagiarii et mangones, qui aliorum liberos sui filios, pignora carissima surripiunt; Rauchdorn: Tract. und Process heimlicher Halsgerichtsordnung. Leipzig 1618 IV. c. 10 S. 381. Plagium heisst eigentlich eine Wegtreibung und geschieht, wenn jemands einem Vater seinen Sohn, Tochter — hinwegführet, verbirget, gefenglich enthält etc.

[112] So Berlich Constitutiones practicabiles. Arnheim 1644 IV. c. 23 N. 6 S. 86, Carpzow Pract. nov. imper. qu. 83 N. 85 sequ., Leyser meditationes ad Paud. Lips. 1748. vol. IX. spec. 624 m. 1. 67. 11. 13, Kress. l. c. N. 1, Merklin de plagio militari Altorff (1728); Jckstädt. de illicitis militum conquisitionibus Wirceburg 1738 etc. opus cul I. p. 346 f.

[113] So Carpzow a. a. O., Leyser spec. 610 N. 9—13, Rauchdorn a. a. O., u. v. A.

[114] Practic. crim. I. c 10 N. 47 II. c. 13 N. 6. Francf. 1587.

[115] Tractatus super maleficiis. Venetiis 1607. rubr. de furibus etc. N. 18.

[116] l. c.

[117] Qu. 196 und 197.

[118] Pract. rer. crim. cap. 110 de furto N. 41 ff.

Carpzow[119]) findenden Betrachtungsweise hielt eine Anzahl von Schriftstellern den Menschenraub für eine Art Diebstahl, so Quistorp,[120]) Banniza,[121]) Dorn[122]) und Püttmann.[123]) Andere z. B. Stelzer,[124]) Ch. F. G. Meister[125]) und Klein[126], erblickten das Charakteristische dieses Verbrechens „in der widerrechtlichen Wegführung eines Menschen von einem Ort zum andern,"[127]) oder wie sich Tittmann[128]) correcter ausdrückt, in der „widerrechtlichen Wegführung eines Menschen aus dem Kreise seiner freien Wirksamkeit." Grolman[129]) und Feuerbach[130]) endlich hielten die Wegführung nicht für wesentlich, sondern schon die Besitzergreifung des Menschen für ausreichend. Dagegen wichen sie in der weiteren Begriffsbestimmung von einander ab. Während nämlich Feuerbach den Menschenraub definirt als „die rechtswidrige Besitzergreifung eines Menschen, um über denselben zu was immer für einen Zweck willkürlich zu verfügen, soferne nicht solche in ein anderes benanntes Verbrechen übergeht," glaubte Grolman dieser Definition zu ihrer Ver-

---

[119]) l. c. Qu. 83 N 85 alia adhuc species furti est, pro quo ratione qualitatis rei furtivae poena suspendii non imponitur quod est furtum hominum et vulgo dicitur plagium.

[120]) Grundsätze des Criminalrechts § 391.

[121]) Delineatio juris crim. secund. constit. Carolinam ac Theresianam P. I § 799.

[122]) Pract. Commentar über das peinl. Recht Th. I. § 152.

[123]) Elementa juris crim. cap. 32

[124]) Lehrb. des Criminal-Rechts § 590.

[125]) princip. jur. crim. Sect. II P. 2 c. 14 § 186 (Goett. 1774).

[126]) Grundsätze des peinl. Rechts § 193 u. 200 f. Vgl. auch Banniza l. c. § 800.

[127]) Wegführung verlangt auch § 6 tit. IV. des R. A. v. 1512.

[128]) Beiträge S. 15 f.

[129]) Grundsätze §§ 254. 255.

[130]) Lehrb. § 252.

vollständigung noch den Zusatz beifügen zu müssen, dass „die Besitzergreifung des freien Menschen zur Vernichtung oder fortdauernden Beschränkung seiner Freiheit geschehen sein müsse." Die neueren gemeinrechtlichen Criminalisten haben indess im Wesentlichen die Definition Feuerbach's beibehalten.[131]) Nur Martin[132]) blieb allein dem römischen Rechte treu; er führt in seinem Lehrbuche statt des Menschenraubes das plagium auf und behandelt hierbei die römischen Bestimmungen noch als durchaus practisch.

D.
Particulargesetzgebung.
§ 17.

Die Particulargesetzgebung behandelt bis in die neuere Zeit die Verbrechen, welche wir als Verletzungen der Willensfreiheit bezeichnen, nach verschiedenen Gesichtspunkten. Meist finden sie sich in den Gesetzbüchern als delicta sui generis an verschiedenen Stellen zerstreut. Zu einer systematischen Anordnung konnte es bei dem, der Klarheit ermangelnden, Standpunkte der Doctrin nicht kommen. Im Allgemeinen hielt die Gesetzgebung gleichen Schritt mit der Doctrin.

Der Codex Maxim. (I. 8. § 6. 7.) unterscheidet noch im Anschluss an die Justinianischen Quellen vis publica und vis privata. Unter erstere werden die Störungen der öffentlichen Ruhe, unter letztere die Gewaltthätigkeiten gerechnet, welche ohne Schädigung des öffentlichen Friedens begangen werden. Das Verbrechen der Nöthigung im modernen Sinne und der widerrechtlichen Freiheitsentziehung ist dem Gesetzbuche unbekannt. Der Menschenraub wird als qualificirter Diebstahl aufgefasst (I. 2. § 16).

---

[131]) Vgl. Häberlin: Grundsätze III. S. 139 f.
[132]) §§ 126—128.

Die Theresiana (art. 73) bezeichnet als crimen vis lediglich Verletzungen der securitas publica. Der Menschenraub (art. 98.) wird sowohl, was den Begriff, als was die Bestrafung dieses Verbrechens anlangt, noch ganz im römisch rechtlichen Sinne behandelt, dagegen wird in diesem Gesetzbuch zuerst der widerrechtlichen Gefangenhaltung als eines selbständigen Verbrechens Erwähnung gethan (art. 70).

Die in der Josephinischen Gesetzgebung hervortretende rechtsphilosophische Richtung, welche sich durch Aufnahme der bis dahin nicht gekannten Rubrik der Verbrechen gegen die Freiheit in das Gesetzbuch kennzeichnet, wird im Strafgesetzbuch von 1803 (§ 70—82) wiederum aufgegeben, indem daselbst die Verbrechen gegen die Freiheit, zu welchen die Josephina Menschenraub (I. § 126. litt. c. § 134 ff.), Entführung (§ 126 und § 140 ff.), widerrechtliche Gefangenhaltung (§§ 145—147) rechnet,[133]) in die Rubrik der öffentlichen Gewaltthätigkeit eingereiht werden. Derselbe Standpunkt ist auch in dem revidirten Strafgesetzbuch von 1852 § 76—100 festgehalten worden. Im preussischen Allgemeinen Landrecht wird die widerrechtliche Gefangenhaltung (II. 20. §§ 1076—1082)[134]) und der Menschenraub (§§ 1083—1094) in die Rubrik der Verbrechen gegen die Freiheit gestellt und im bairischen Strafgesetzbuch von 1813 (art. art. 197—205 f.) finden sich die einzelnen Fälle als selbständige Verbrechen in verschiedenen Rubriken eingetheilt.

Die neuere Gesetzgebung basirt durchweg auf der rechtsphilosophischen Anschauungsweise der neueren Doctrin. Ueberall wird den Verbrechen gegen die Willensfreiheit oder, wie sie in den Gesetzbüchern genannt wer-

---

[132]) Unter die öffentliche Gewalt (I. § 54—57) werden nur Land- und Hausfriedensbruch und Widerstand gegen die Obrigkeit gestellt.

[134]) Dieselbe wird als ein Eingriff in das landesherrliche Hoheitsrecht angesehen.

den, den Verbrechen gegen die persönliche Freiheit, ein besonderer Abschnitt gewidmet und in denselben **Bedrohung, Nöthigung, Freiheitberaubung** (in specie **widerrechtliche Einsperrung**) und **Menschenraub**, bisweilen auch **Entführung** und **Hausfriedensbruch** gestellt.

Ein näheres Eingehen auf die hier einschlägigen Bestimmungen der einzelnen, nunmehr antiquirten, deutschen Strafgesetzbücher [135]) erübrigt sich, weil dieselben im Wesentlichen mit den Bestimmungen des nunmehr für das **deutsche Reich** geltenden Strafgesetzbuchs, welche wir im folgenden Abschnitt ausführlich untersuchen wollen, übereinstimmen.

---

[135]) Ausführlich bei **Haberlin**: Grundsätze III. 2. S. 139—192.

III.
Heutiges gemeines deutsches Reichsstrafrecht.

§ 18.

In dem nunmehr für das gesammte deutsche Reich geltenden Strafgesetzbuch ist den Verbrechen gegen die Willensfreiheit gleichfalls ein besonderer Abschnitt (der achtzehnte) gewidmet worden.

Unter der Rubrik: „**Verbrechen und Vergehen wider die persönliche Freiheit**" werden eine Anzahl von Verbrechen und Vergehen aufgeführt, welche zum Theil, wie bereits erwähnt, nur als besondere Arten des generellen Verbrechensbegriffes der „**Nöthigung**" erscheinen, so die **widerrechtliche Freiheitsentziehung**, in specie die **Einsperrung**, und der **Menschenraub**. Die Nöthigung selbst wird nur casuistisch behandelt, und diese Auffassung durch die Stellung dieses Gattungsverbrechens an den Schluss des Abschnittes auch formal zum Ausdruck gebracht.[1] Das Verbrechen der Entführung, welches gleichfalls im Gesetzbuch in diesem Abschnitt eine Stelle gefunden hat,[2] gehört, wie bereits oben

---

[1] Auf das Sonderbare dieser Anordnung, welche sich übrigens, mit Ausnahme des hannöverschen Strafgesetzbuches, in allen übrigen Gesetzbüchern findet, hat schon **Koestlin** a. a. O. S. 426 N. 5 aufmerksam gemacht.

[2] Im **Reichsstrafgesetzbuch** sind die einzelnen Verbrechensarten nicht immer nach dem Objecte ihrer Verletzung geordnet, sondern der Gesetzgeber hat, wie es in den Motiven zu § 1 heisst, sich von

ausgeführt worden, in die Rubrik der Verbrechen gegen die Sittlichkeit.³) Wir schliessen dasselbe deshalb, als ausserhalb des Rahmens unseres Themas liegend, von der weiteren Betrachtung aus.

Der besseren Uebersicht halber schicken wir der Darstellung der einzelnen Verletzungsformen der Willensfreiheit den hier einschlägigen Theil des Gesetzestextes voran:

Achtzehnter Abschnitt.
Verbrechen und Vergehen wider die persönliche Freiheit.

§ 234. Wer sich eines Menschen durch List, Drohung oder Gewalt bemächtigt, um ihn in hülfloser Lage auszusetzen oder in Sclaverei, Leibeigenschaft oder in auswärtige Kriegs- oder Schiffsdienste zu bringen, wird wegen Menschenraubes mit Zuchthaus bestraft.

§ 235. Wer eine minderjährige Person durch List, Drohung oder Gewalt ihren Eltern oder ihrem Vormunde entzieht, wird mit Gefängniss und, wenn die Handlung in der Absicht geschieht, die Person zum Betteln oder zu gewinnsüchtigen oder unsittlichen Zwecken oder Beschäftigungen zu gebrauchen, mit Zuchthaus bis zu zehn Jahren bestraft.

§ 239. Wer vorsätzlich und widerrechtlich einen Menschen einsperrt oder auf andere Weise des Gebrauches der persönlichen Freiheit beraubt, wird mit Gefängniss bestraft.

---

der Rücksicht leiten lassen, „die, ihrer inneren Natur nach zusammengehörigen strafbaren Handlungen thunlichst zusammenzustellen." Bezüglich des Umfanges der Rubrik, betreffend die Verbrechen und Vergehen wider die persönliche Freiheit, war das Preussische Strafgesetzbuch massgebend, der schwere Hausfriedensbruch ist in dem Abschnitt über „Verbrechen und Vergehen wider die öffentliche Ordnung" aufgenommen. (Vgl. Motive zu §§ 241 ff.)

³) in specie gegen die Geschlechtsehre.

Wenn die Freiheitsentziehung über eine Woche gedauert hat, oder, wenn eine schwere Körperverletzung (— § 224) des der Freiheit Beraubten durch die Freiheitsentziehung oder die ihm während derselben widerfahrene Behandlung verursacht worden ist, so ist auf Zuchthaus bis zu zehn Jahren zu erkennen. Sind mildernde Umstände vorhanden, so tritt Gefängnissstrafe nicht unter einem Monat ein.

Ist der Tod des der Freiheit Beraubten durch die Freiheitsentziehung oder die ihm während derselben widerfahrene Behandlung verursacht worden, so ist auf Zuchthaus nicht unter drei Jahren zu erkennen. Sind mildernde Umstände vorhanden, so tritt Gefängnissstrafe nicht unter drei Monaten ein.

§ 240. Wer einen Anderen widerrechtlich durch Gewalt oder durch Bedrohung mit einem Verbrechen oder Vergehen zu einer Handlung, Duldung oder Unterlassung nöthigt, wird mit Gefängniss bis zu einem Jahre oder mit Geldstrafe bis zu zweihundert Thalern bestraft. —

§§ 241. 253. 254.
Der Versuch ist strafbar.
Die Verfolgung tritt nur auf Antrag ein.

§ 241. Wer einen Anderen mit der Begehung eines Verbrechens bedroht, wird mit Gefängniss bis zu sechs Monaten oder mit Geldstrafe bis zu einhundert Thalern bestraft. —

§§ 126. 240. 253. 254.
Die Verfolgung tritt nur auf Antrag ein.

Hiernach ist die Legalordnung der einzelnen Verbrechensformen folgende:
1. Menschenraub. (§§ 234. 235.)
2. Beraubung der persönlichen Freiheit, insbesondere widerrechtliche Einsperrung. (§ 239.)
3. Nöthigung. (§ 240.)
4. Bedrohung (ohne Nöthigung).

Diese freilich mangelhafte Anordnung eignet sich nicht für die wissenschaftliche Darstellung. Wir ordnen deshalb den im Gesetzbuche enthaltenen Rechtsstoff nach dem von uns im allgemeinen Theile dieser Abhandlung gegebenen Schema.

A.
Verletzungen der Willensfreiheit durch Störung oder Aufhebung der Willensfähigkeit.

§ 19.
Bedrohung.

Als Mittel, die Willensfähigkeit und in Folge dessen die Willensfreiheit einer Person zu beschränken, beziehungsweise aufzuheben, wurden bereits die Drohungen genannt. Hierunter versteht man gegen bestimmte Personen gerichtete Ankündigungen eines Uebels, dessen Verwirklichung in Aussicht gestellt wird.[4]

Die hierdurch hervorgerufene Angst und Bestürzung verursacht erfahrungsgemäss Störungen in den Normalfunctionen des den Willen erzeugenden Organs, des Gehirns, und als Folge davon auch Störungen der Willensfreiheit. Nur dieses letzteren Umstandes halber erscheint die Bestrafung gerechtfertigt. Die Erregung blossen Unbehagens würde allein noch keinen genügenden Grund zu strafrechtlichem Einschreiten darbieten.[5] Hieraus folgt, dass nicht alle beliebigen Drohungen, sondern nur solche, welche zur Hervorrufung sinnesverwirrender Affecte geeignet sind, Gegenstand strafrechtlicher Verfolgung sein

---

[4] Das angedrohte Uebel muss also in der Zukunft liegen. Schwarze: Comm. zu § 241 S. 585 u. S. 385.

[5] Vgl. Held: Bemerkungen zu dem Entwurf eines Strafgesetzbuches (1870) S. 61 zu § 21, und Vollert's Kritik des Entwurfs (1870) S. 52.

dürfen.⁶) Das Reichsstrafgesetzbuch hat deshalb,⁷) und um einer willkürlichen Auffassung des Richters vorzubeugen, den Begriff der strafbaren Bedrohung ganz bestimmt qualificirt. Nach § 241 ist nur die Bedrohung mit der Begehung eines Verbrechens⁸) für strafbar erklärt; demnach bleibt die Bedrohung mit der Begehung eines Vergehens oder einer Uebertretung, sowie selbstverständlich mit der Begehung einer nicht verbotenen Handlung straflos. Geyer⁹) hat neuerdings mit Recht die gesetzliche Formulirung des Begriffes der strafbaren Bedrohung als zu eng getadelt. Es giebt in der That Drohungen, die ihrem Inhalte nach grade nicht die Begehung eines Verbrechens im Sinne des Reichsstrafgesetzbuchs in Aussicht zu stellen brauchen und doch sehr wohl geeignet sein können, das Nervensystem eines Menschen gewaltig zu erschüttern und in Folge dessen die Freiheit seines Willens in erheblicher Weise zu beschränken. Man denke nur an die Bedrohung mit einer schweren Injurie oder einer Verleumdung. Aus diesem Grunde würde es sich empfehlen, im Falle einer Revision des Reichsstrafgesetzbuchs die Strafbarkeit auch auf Drohungen mit Begehung eines Vergehens auszudehnen. ¹⁰) Zu weit dürf-

---

⁶) A. M. Rosshirt Geschichte u. System II. S. 127.

⁷) Vgl. Motive zu § 240; ferner Preuss. St-G.-B. § 212. 213.

⁸) Die angedrohte strafbare Handlung muss dem Bedrohten gegenüber an sich (objectiv) ein Verbrechen darstellen; ob sie dem Drohenden z. B. wegen dessen eventueller Rückfälligkeit nur als Verbrechen zugerechnet wird, ist gleichgültig. Daher ist Geyer's Ansicht zu verwerfen, welcher meint, dass eine Bedrohung mit Begehung eines Verbrechens auch dann vorläge, wenn ein im Sinne des § 244 des St.-G.-B. schon zweimal bestrafter Dieb Jemanden mit Verübung eines noch so geringfügigen (einfachen) Diebstahls bedroht. In diesem Falle liegt nur eine straflose Bedrohung mit einem Vergehen vor. Vgl. Oppenhoff zu § 241 N. 2.

⁹) a. a. O. S. 584.

¹⁰) Zu unbestimmt Württemberg art. 282 und Hessen art. 171, welche gefährliche Drohungen bestrafen (wie auch neuerdings

ten indess Geyer[11]) und Vollert[12]) gehen, wenn sie schon in einer Drohung mit rechtswidriger Zufügung von Nachtheilen den Thatbestand einer strafbaren Bedrohung erblicken.[13]) Der Gesetzgeber würde dann oft die Bedrohung mit Nachtheilen strafen müssen, während er die Zufügung der Nachtheile selbst nicht für strafbar erachtet. In einem solchen Falle befände er sich z. B., wenn er, wie Geyer zu wünschen scheint, die Bedrohung eines Abergläubischen mit Verzaubern, Behexen und dergl. bestrafen wollte, während er das Verzaubern und Behexen selbst[14]) nicht als strafbare Handlungen anerkennt. Uebrigens bedarf es bei der Ankündigung von Drohungen nach dem deutschen Strafgesetzbuch nicht etwa der technischen Bezeichnung des Verbrechens, welcher sich das Strafgesetzbuch bedient; es genügt schon die Androhung von Handlungen, welche einzeln genommen oder in ihrer Totalität eine im Strafgesetzbuch vorgesehene Verbrechensform darstellen.[15])

Was nun den zur Begehung der strafbaren Bedrohung nothwendigen Dolus anbetrifft, so besteht derselbe in der Absicht des Drohenden, durch die Drohung in der Person des Bedrohten den Glauben an die Möglichkeit der Verwirklichung des angedrohten Uebels (nach dem R.-Str.-G.-B.

John: Strafr. in Norddeutschland S. 109 vorschlägt); zu eng Preussen § 213, welches nur Bedrohung mit Brand oder Ueberschwemmung kennt; dagegen wiederum zu weit gehend Sachsen und Thüringen, welche schon Bedrohung mit widerrechtlichen Handlungen bestrafen.

[11]) a. a. O.

[12]) Kritik des Entwurfs eines Strafgesetzbuches etc. S. 51.

[13]) Noch weiter geht Haelschner Syst. III. 179 N. 3, nach dessen Ansicht selbst die Drohung mit einer an sich erlaubten Handlung strafbar sein müsste, wenn sie geeignet war, einen Zwang gegen den Willen zu üben. Gegen diese Ansicht vgl. Glaser: Bemerkungen zum Zürcher Entwurf S. 86 f.

[14]) etwa durch Aussprechen einer Zauberformel.

[15]) Vgl. Entsch. des Berl. Ober-Trib. bei Goltdammer: Archiv Bd. 4 S. 811, u. Oppenhoff: Rechtssprechung Bd. 8 S. 464.

Verbrechens) zu erwecken. Ob nun die Verwirklichung in der Macht des Drohenden liegt, ist gleichgültig, wenn nur der Bedrohte im concreten Falle zu dieser Annahme verleitet wurde.[16] Zur Feststellung dieses letzteren Umstandes wird der Richter die Individualität des Bedrohten zu prüfen haben.[17] Dass der Drohende die Begehung des Verbrechens in eigener Person — gleichviel, ob als Thäter oder Theilnehmer — in Aussicht stellt, ist nicht erforderlich; vielmehr genügt, dass er sich selbst als die Ursache des angedrohten Verbrechens bezeichnet. Das Object der Bedrohung ist dagegen nach dem R.-Str.-G.-B. immer die Person des Bedrohten selbst. Daher berechtigt die Bedrohung Angehöriger deren nicht bedrohte Angehörige noch nicht zum Antrage auf Bestrafung des Drohenden.

Vollendet ist das Vergehen der Bedrohung, sobald die bedrohte Person von der gegen sie gerichteten Drohung Kenntniss genommen hat.[18] Hierbei ist es gleichgültig, ob die Ankündigung mündlich, schriftlich, in symbolischer Weise[19] oder durch einen Dritten im Auftrage des Drohenden erfolgt ist.[20] Der Gesetzgeber fingirt, dass mit dem Augenblicke der Kenntnissnahme der Drohung die Willensfreiheit der bedrohten Person beeinträchtigt worden sei.[21] Diese Fiction ist aus practischen Gründen geboten, weil der durch die Bedrohung hervorgerufene Zustand des

---

[16] Haelschner: Syst. III S. 179, Schütze: Lehrb. S. 411 N. 6. D. A. ist das Berliner Ober-Tribunal, Goltdammer: Archiv Bd. 12. S. 70, Oppenhoff: Rechtssprechung Bd. 4 S. 164, dessen Comment. z. St.-G.-B. S. 359 N. 5, Meyer (Thorn): Strafgesetzbuch S. 182 N. 4.

[17] Geyer: S. 583 N. 3..

[18] Vgl. Oppenhoff: Comm. zu § 241 N. 1.

[19] Vgl. Goltdammer: Archiv Bd. 6. S. 845.

[20] Vgl. Oppenhoff a. a. O.

[21] Wäre der Bedrohte zu einem Handeln oder Unterlassen bestimmt worden, so läge Nöthigung vor.

Willens, sich, wie jeder seelische Vorgang, der Wahrnehmbarkeit für Dritte entzieht. Uebrigens gilt jene Fiction nach dem Reichsstrafgesetzbuch erst dann, wenn der Bedrohte selbst die Verletzung seiner Willensfreiheit anerkannt hat, da die Verfolgung dieses Delictes nur auf Antrag des Bedrohten eintritt.[22] — Der Versuch der Bedrohung ist nicht nur deshalb straflos, weil es an einer ausdrücklichen Strafbestimmung fehlt, sondern weil der Versuch einer Bedrohung nicht ausführbar ist,[23] ohne dass zugleich der Thatbestand des vollendeten Vergehens erfüllt würde.

Die Strafe ist Gefängniss bis zu sechs Monaten oder Geldstrafe bis zu einhundert Thalern.

Die Bedrohung mit einem gemeingefährlichen, den öffentlichen Frieden störenden, Verbrechen ist, wie es die Systematik erheischt, nach dem hauptsächlichen Gegenstande der Verletzung, — d. i. hier die bürgerliche Gesellschaft — in § 126 in die Rubrik der Verbrechen wider die öffentliche Ordnung gestellt worden.[24]

---

[22] Vgl. hierzu Glaser: Abhdl. S. 86 ff., welcher bemerkt, dass die Abhängigmachung der Bestrafung vom Antrage der Verletzten sich besonders bei Eheleuten praktisch erweise.

[23] So wäre z. B. ein noch nicht abgesandter Drohbrief kein Versuch im criminalistischen Sinne, sondern nur eine irrelevante Vorbereitungshandlung. Vgl. Goltdammer: Archiv III S. 816 u. 840, Häberlin: kritische Bemerkungen zu dem Entwurf eines Strafgesetzbuches für den Norddeutschen Bund (1869) S. 77 und Schwarze: Commentar zum Reichsstrafgesetzbuch (3. Auflage) S. 112. Dagegen Haelschner: System III S. 180 N. 5, Schütze: Lehrb. S. 412 sub II und Geyer: a. a. O. S. 586.

[24] Das preussische Strafgesetzbuch (§ 213) hatte dies verkannt und diese Art von Bedrohung, welche dort nur die beiden gemeingefährlichen Verbrechen, Brand und Ueberschwemmung, zum Gegenstande hat, in die Rubrik der Verbrechen gegen die persönliche Freiheit gestellt. Vgl. John: Strafrecht in Norddeutschland S. 109 § 184 und Temme: Lehrb. S. 881, welcher Letztere aber, wie Haelschner System III S. 181 N. 3 zutreffend hervorhebt, mit Unrecht in der Be-

§ 20.
Betäubung.

Ein noch wirksameres Mittel, die Willensfähigkeit einer Person und in Folge dessen auch deren Willensfreiheit zu beschränken, beziehungsweise aufzuheben, ist die Betäubung. Hierunter versteht man die Versetzung einer Person in den Zustand vorübergehender Zurechnungsunfähigkeit durch chemische oder physikalische Einwirkung auf das Nervensystem derselben.

Geschieht nun die Betäubung unbefugterweise [25]) und zwar in der Absicht, eine Person ihrer Willensfreiheit zu berauben, so liegt eine strafbare Verletzung der Willensfreiheit vor. Zwar wird im Reichsstrafgesetzbuch dieser Begehungsform nicht ausdrücklich Erwähnung gethan; allein hieraus folgt keineswegs die Straflosigkeit einer solchen Verletzung. Die Betäubung kann vielmehr ohne Zwang unter die Fälle der Freiheitsberaubung im Sinne des Reichsstrafgesetzbuchs § 239 al. 1 subsumirt werden.

Dort heisst es:

Wer vorsätzlich und widerrechtlich einen Menschen einsperrt oder auf andere Weise des Gebrauchs der persönlichen Freiheit beraubt, wird — — — bestraft.

Mit diesen Worten dürften unseres Dafürhaltens nicht nur solche Fälle gemeint sein, in welchen der Mensch in der Freiheit der Bewegung seines Körpers, z. B. durch Festhalten, Fesseln, Einsperren und dgl. gehindert wird,[26]) sondern auch solche Fälle, in welchen nach der Absicht des Thä-

---

drohung mit Brand und Ueberschwemmung nur beispielsweise angeführte Mittel gemeingefährlicher Bedrohung erblickt.

[25]) Daher bleibt ein Arzt, welcher einen Kranken zu Heilzwecken betäubt, straflos.

[26]) Wie Haelschner System III S. 182 und Geyer a. a. O. S. 590 annehmen.

ters lediglich die Willensfähigkeit, beziehungsweise Willensfreiheit, einer Person in ihrer Totalität aufgehoben werden soll.

Wird durch die Betäubung zugleich die **Gesundheit** des der Freiheit Beraubten verletzt,[27]) so liegt ideale Concurrenz — Freiheitsberaubung und Körperverletzung — vor.

Uebrigens lässt sich die Betäubung zur Begehung vieler anderen Verbrechen und Vergehen, bei welchen die Freiheitsberaubung nur ein Merkmal im gesetzlichen Thatbestande jener Verbrchen und Vergehen bildet,[28]) anwenden, so z. B. bei **Nothzucht, Menschenraub** und dgl.

B.
Verletzungen der Willensfreiheit durch Verhinderung der Ausführung des Willens.

§ 21.
Nöthigung.

Ist die Bedrohung nicht blos auf Störung der **Willensfähigkeit** einer Person gerichtet, sondern sollen durch dieselbe die **Ausführungsorgane** des Willens einer Person nach fremden Motiven in Thätigkeit gesetzt oder in Unthätigkeit erhalten werden, so liegt, wenn diese Absicht sich zu verwirklichen begonnen hat, eine Verletzung der Willensfreiheit vor, welche die heutige Doctrin als Nöthigung durch Bedrohung bezeichnet.

Wird dagegen jener Effect nach der Absicht des Thäters durch **physische, gegen die Person gerichtete**

---

[27]) Eine **Veränderung des Normalzustandes des Gehirns** wird regelmässig eintreten; dagegen sind die Folgen dieses Zustandes nicht nothwendig **gesundheitsschädliche.**

[28]) Umgekehrt bildet in den Fällen des § 239 Abs. 2 u. 3 des R.-St.-G.-Bs die Körperverletzung ein Merkmal des gesetzlichen Thatbestandes der qualificirten Freiheitsberaubung.

Gewalt (vis corporalis) erreicht, so liegt Nöthigung durch Gewalt vor.

Tritt zu diesen beiden Arten der Nöthigung das Moment der Widerrechtlichkeit hinzu, so unterliegen sie criminaler Bestrafung.

Unter strafbarer Nöthigung versteht man demnach die widerrechtliche durch Drohung oder Gewalt veranlasste körperliche Thätigkeit oder Unthätigkeit einer Person.[29])
Hiermit stimmt auch das Gesetz überein. Nach § 240 des R.-St.-G.-Bs wird derjenige, welcher einen Andern widerrechtlich mit Gewalt oder durch Bedrohung mit einem Verbrechen oder Vergehen zu einer Handlung, Duldung oder Unterlassung nöthigt,[30]) — — — — bestraft.

Unter Gewalt wird hier nur die physische, unmittelbar gegen die Person gerichtete, verstanden. Die

---

[29]) Die Duldung liegt in der erzwungenen Unthätigkeit des Benöthigten mitenthalten. Die von Tittmann: Beiträge S. 6 gegebene Definition: „Nöthigung ist widerrechtlicher Zwang eines Menschen zu einer nicht gewollten Handlung oder Lage," giebt nicht klar genug die Mittel an, welche das Verbrechen begriffsmässig erfordert, und ist auch insofern nicht erschöpfend, als in der nicht gewollten Lage nicht alle Unterlassungen mit inbegriffen sind.

[30]) John (Entwurf mit Motiven etc. 1868 S. 496 ff.) hat neuerdings gegen die Beibehaltung dieses Delicts eingewendet, dass es sich wegen der zu allgemeinen Fassung erübrige. Allein man muss Meyer und Vollert darin beistimmen, dass es eine Anzahl von Nöthigungsfällen giebt, die an sich unzweifelhaft strafbar sind, ohne dass sich dieselben unter die gesetzlich ausgezeichneten Specialfälle der Nöthigung subsumiren liessen, so z B. die Verhinderung der Anlandung eines Schiffes, die Nöthigung zum Genusse ekelhafter oder ungeniessbarer Speisen, die Nöthigung zur Errichtung eines Testaments oder die Verhinderung der Errichtung desselben u. dgl.

Der von John (a. a. O. S. 109 § 183) vorgeschlagenen redactionellen Aenderung, wonach der Definition der Zusatz zu geben sei, „insoweit die That nicht unter ein schwereres Strafgesetz fällt," bedarf es nicht, weil er einen Grundsatz ausspricht, der sich von selbst versteht.

Annahme, dass auch schon dann Gewalt vorliege, wenn ohne körperliche Berührung ein Handeln nach aufgedrängten Motiven herbeigeführt werde,[31]) lässt sich wenigstens aus dem Gesetz nicht ableiten. Eine derartige Einwirkung müsste, um strafbar zu sein, die gesetzlichen Erfordernisse der Bedrohung an sich tragen. Bezüglich der letzteren verweisen wir auf das, was wir bei der Darstellung des Vergehens der einfachen Bedrohung gesagt haben.

Zu bemerken ist nur noch, dass nach § 240 des R.-St.-G.-Bs der bei dem Vergehen der einfachen Bedrohung (§ 241) von uns als zu eng getadelte Inhalt der Drohung zweckmässig erweitert worden ist, indem hier eine strafbare Nöthigung nicht nur durch Bedrohung mit der Begehung eines Verbrechens, sondern auch schon mit der Begehung eines Vergehens verübt werden kann. Bedrohung mit Begehung von Uebertretungen dürfte, an sich zur Hervorrufung einer Sinnesänderung zu schwach, auch nicht geeignet sein, eine strafbare Nöthigung zu begründen.[32])

Nicht recht klar ist, aus welchem Grunde in diesem Paragraphen nicht auch List als ein zur Verübung der Nöthigung geeignetes Mittel genannt worden ist, während dies in einem Specialfalle der Nöthigung, dem Menschenraube, geschieht. An der Möglichkeit der Verübung einer Nöthigung durch List ist nicht zu zweifeln.[33])

---

[31]) Vgl. so Oppenhoff: Comm. zu § 241 N. 4, zu § 52 N. 4 u. § 106 N. 19.

[32]) So schon das Preussische St.-G.-B. § 212 in Anlehnung an den Code pénal, während Braunschweig § 178 gefährliche, Sachsen 1838 u. 1855, Hannover, Hessen Drohungen schlechthin, Thüringen art. 158 Bedrohung mit Nachtheilen erfordert.

[33]) Schwarze: Comm. zu § 240 S. 584. — z. B. es nöthigt Jemand einen Andern durch Vorspiegelung einer falschen Thatsache zur Abreise. —

Ein ferneres Erforderniss des Thatbestandes ist die **Widerrechtlichkeit der Nöthigungshandlung**. Diese liegt vor, wenn die Handlung zu einem gesetzlich unerlaubten Zwecke vorgenommen wird. Die Nöthigung bleibt daher **straflos**, wenn sie im Falle der **Nothwehr** oder eines **Nothstandes** verübt worden ist und nicht die Grenzen der Selbstvertheidigung überschreitet. Ausserdem giebt es noch eine Anzahl Fälle, die, objectiv betrachtet, als Nöthigungshandlungen erscheinen, die aber aus Gründen, welche im Subjecte liegen, straflos bleiben müssen. Hierher gehören die Fälle, in welchen die Nöthigung zu dem Zwecke erfolgt, um den Benöthigten von der Begehung einer strafbaren Handlung abzuhalten.[34] Es fehlt hier dem Nöthiger an dem **Bewusstsein der Widerrechtlichkeit**, mithin an dem zur Begehung dieses Vergehens erforderlichen **Dolus**.

Der Mangel der Widerrechtlichkeit der Nöthigungshandlung dürfte hier auch schon aus dem Begriffe der persönlichen Freiheit folgen. Letztere ist, wie bereits am Eingange dieser Abhandlung ausgeführt wurde, keine schrankenlose, sondern sie besteht nur in dem Rechte des Individuums, seinen Willen durch Handlungen oder Unterlassungen zum Ausdruck zu bringen, **insoweit Solches nicht positive Gesetze verbieten**. Der auf etwas **gesetzlich Verbotenes** oder gar **Strafbares** gerichtete Wille, sowie die Freiheit, einen solchen Willen durch Handlungen oder Unterlassungen zum Ausdruck zu bringen, hat kein Anrecht auf den Schutz der Strafgewalt des Staates. Daher kann Jedermann im Staate denjenigen, welcher sich mit dem, im Gesetze ausgesprochenen, allgemeinen Willen in Opposition setzt oder zu setzen versucht, zur Anerkennung dieses allgemeinen Willens zwingen, mit anderen

---

[34] D. A. ist Haelschner: System III S. 180, Goltdammer: Archiv IX S. 567, Schütze: Lehrb. S. 412, Meyer (Thorn): Strafgesetzbuch S. 182 N. 5; a. M. Oppenhoff: Comm. zu § 240 N. 3 und Geyer a. a. O. S. 578.

Worten, Jeden an der Begehung strafbarer Handlungen oder Unterlassungen, sei es durch Gewalt, sei es durch Drohungen straflos hindern.[35]) Freilich ist diese Nöthigung durch Private nur bis zu dem Maasse eine erlaubte, als sie zur Aufhebung des verbrecherischen Willens erforderlich ist. In dem Augenblicke der Ueberschreitung dieses Maasses beginnt wiederum die strafrechtliche Verantwortlichkeit des Nöthigers; indess wird der Richter, analog den Fällen der Ueberschreitung der Nothwehr, zu ermessen haben, ob die besonderen Umstände des Falles die Ueberschreitung entschuldbar machen.

Uebrigens lässt sich nach dem heutigen gemeinen deutschen Strafrecht die Straflosigkeit der Nöthigung zur Unterlassung strafbarer Handlungen aus dem Gesetze selbst herleiten. Wenn nämlich nach § 139 des R.-Str.-G.-Bs schon die Unterlassung der rechtzeitigen Anzeige von dem Vorhaben eines Hochverraths, Landesverraths, Münzverbrechens, Mordes, Raubes, Menschenraubes oder eines gemeingefährlichen Verbrechens an die Behörde oder die durch das Verbrechen bedrohte Person mit Strafe bedroht wird, so kann die Verhütung des Verbrechens selbst, geschähe sie auch durch Drohung oder Gewalt, nicht strafbar sein. Dass der Gesetzgeber von den Bürgern nicht allgemein die Abhaltung der Missethäter von der Begehung

---

[35]) Vgl. die Entscheidung des Berliner Ober-Tribunals in Goltdammer's Arch. Bd. 9 S. 567. So ist die gewaltsame Entfernung eines Eindringlings straflos. — Zweifelhaft ist dagegen, ob auch die Nöthigung zur Erfüllung einer Schuldverbindlichkeit strafbar sei. Unseres Dafürhaltens liegt in einem solchen Falle unerlaubte Selbsthülfe vor, welche nach heutigem gemeinen Strafrecht, Mangels einer besonderen Gesetzesvorschrift, als Nöthigung zu ahnden ist. Der seiner übernommenen Verpflichtung nicht Nachkommende kann nur auf Grund richterlichen Befehls, oder, wo dies gesetzlich statthaft ist, durch die competenten Verwaltungsbehörden zur zwangsweisen Erfüllung angehalten werden.

von Verbrechen unter Androhung von Strafe fordert,[36] hat seinen Grund nicht etwa in der Annahme, dass ein derartiger Eingriff in eine fremde Willenssphäre unsittlich oder gar strafbar sei, sondern in dem allgemein anerkannten Grundsatz, dass Niemand vom Staate ohne Noth zu einem, seiner Person eventuell nachtheiligen, Thun gezwungen werden dürfe. Ja wir gehen noch weiter und erklären auch die Nöthigung zur Unterlassung **unsittlicher, wenn auch nach dem Gesetzbuch grade nicht strafbarer, Handlungen für straflos**. Mögen auch bisweilen die Ansichten bei der Beurtheilung der Moral im einzelnen Falle auseinandergehen, so lässt sich doch im Grossen und Ganzen das Vorhandensein einer allgemein anerkannten Moral nicht leugnen. Man wird daher, ohne eine Willkür befürchten zu müssen, dem Richter die Beurtheilung dieser Frage im concreten Falle überlassen können.[37] Kommt nun der Richter zu der Ansicht, dass die Handlung zu deren Unterlassung der Nöthiger Jemanden gezwungen, eine unsittliche gewesen ist, so wird er dem Nöthiger wegen **mangelnden Bewusstseins der**

---

[36] Geschieht übrigens im Falle des § 361 N. 4 des R.-Str.-G.-Bs: Mit Haft wird bestraft, wer — — Personen, welche seiner Gewalt und Aufsicht untergeben sind, und zu seiner Hausgenossenschaft gehören, vom Betteln abzuhalten unterlässt.

[37] Klarer war die Bestimmung des **sächsischen** Strafgesetzbuchs v. 1855 Art. 201: Wer ausser den in diesem Gesetzbuche besonders erwähnten Fällen, um Jemanden zu einer Handlung, Duldung oder Unterlassung zu bestimmen, Gewalt oder Drohung anwendet, wird, wenn entweder die **Gewalt oder Bedrohung eine rechtswidrige ist** oder der Andere durch die Gewalt oder die Bedrohung zu **etwas Unrechtem oder Unsittlichem** bestimmt werden soll, — wegen Nöthigung — — bestraft. Vgl. Berner: Lehrb. (6. Aufl.) S. 492 N. 3 und Dalcke bei Goltdammer a. a. O. S. 7 und John: das Strafrecht in Norddeutschland 1870 S. 108. u. 109. A. M. ist dagegen Geyer bei Holtzendorff III. S. 574 N. 2, welcher die Nöthigung zur Unterlassung unsittlicher Handlungen nach dem deutschen Strafgesetzbuch für strafbar zu erachten scheint.

Widerrechtlichkeit seiner Handlungsweise freisprechen müssen. Aus diesem Grunde rechtfertigt sich auch die Straflosigkeit desjenigen, welcher Jemanden zur Unterlassung eines Selbstmordes nöthigt.

Hinsichtlich der **Vollendung** und des **Versuches** der Nöthigung ist zu unterscheiden, ob die Nöthigung durch Bedrohung oder durch Gewalt verübt worden ist.

Im ersteren Falle liegt Vollendung vor, sobald die Verletzung der Willensfreiheit durch das Verhalten des Benöthigten erkennbar wird, d. h. sobald Letzterer die Bedingung zu erfüllen beginnt, von deren Nichterfüllung der Nöthiger die Begehung des angedrohten Verbrechens oder Vergehens abhängig gemacht hat. Dass der Benöthigte die von ihm geforderte Thätigkeit oder Unthätigkeit in ihrem ganzen Umfange erfüllt habe, ist unerheblich, sobald nur aus dem Verhalten des Benöthigten der Willenszwang ersichtlich ist.

Ein strafbarer **Versuch**[38]) muss dagegen nach dem Gesetze schon dann angenommen werden, wenn der Nöthiger dem Benöthigten Bedingung und Bedrohung angekündigt hat; ein dem Inhalte der Bedingung entsprechendes Verhalten des Benöthigten ist nicht erforderlich. Die Ankündigung kann auch hier sowohl durch den Nöthiger selbst — gleichviel, ob mündlich, schriftlich oder in symbolischer Weise — als auch durch Dritte im Auftrage des Nöthigers erfolgen.

Zur Vollendung des Vergehens der Nöthigung durch Bedrohung ist also stets die Mitwirkung des Benöthigten erforderlich; für den Versuch dagegen bedarf es jener Mitwirkung nicht, vielmehr genügt hier die blosse Ankündigung des bevorstehenden Uebels Seitens des Nöthigers.

Das Vergehen der Nöthigung durch Gewalt setzt dagegen zu seiner Vollendung voraus, dass der Nöthigende

---

[38]) Die Strafbarkeit des Versuchs wurde auf Antrag des Abgeordneten **Lasker** beschlossen. Stenogr. Ber. S. 671 u. 672.

durch eine körperliche Handlung (vis corporalis) den Körper einer Person oder gewisse Theile desselben in eine, dem Willen dieser Person widersprechende, Lage gebracht hat. Ob der Nöthigende seine Absicht dadurch vollständig erreicht hat, ist unerheblich. Hieraus geht hervor, dass ein Versuch der Nöthigung durch Gewalt nicht denkbar ist, indem jede Anwendung physischer Gewalt, mag sie auch nur den Anfang der Ausführung der beabsichtigten Zwangshandlung darstellen, schon die Requisite der vollendeten Nöthigung durch Gewalt zum Ausdrucke bringt. Einer Mitwirkung des Benöthigten, wie solche begriffsmässig zur Vollendung der Nöthigung durch Bedrohung erforderlich ist, bedarf es hierbei insofern nicht, als bei der Nöthigung durch Gewalt der Körper des Benöthigten nur das Medium darstellt, in welchem sich der Wille des Nöthigers verwirklicht.

Die Strafe der Nöthigung besteht nach dem Reichs-Strafgesetzbuch in Gefängniss bis zu einem Jahre oder in Geldstrafe bis zu Zweihundert Thaler. Sie beträgt hiernach in ihrem Maximum das Doppelte der Strafe, welche auf das Vergehen der einfachen Bedrohung gesetzt ist.

Die Strafverfolgung findet nur auf Antrag statt. Diese, übrigens bereits in den meisten Particularstrafgesetzbüchern enthaltene, Vorschrift erscheint hier aus denselben Gründen gerechtfertigt, welche wir bei der analogen, das Vergehen der einfachen Bedrohung betreffenden, Vorschrift angegeben haben.

Macht sich ein Beamter durch Missbrauch der Amtsgewalt oder durch Androhung eines bestimmten Missbrauchs derselben des Vergehens der Nöthigung schuldig, so liegt ein besonderes Amtsverbrechen vor. Von demselben handelt § 339 des R.-Str.-G.-Bs.

Die durch Nöthigung veranlasste Verhinderung der Ausübung politischer Rechte ist in dem Gesetzbuch mit Recht in eine besondere Rubrik, welche von den Verbrechen in Beziehung auf die Ausübung staatsbürgerlicher Rechte handelt (§§ 105—109 incl.), gestellt worden.

§ 22.
Freiheitsberaubung.

Das Reichsstrafgesetzbuch fasst im § 239 die Fälle der Nöthigung, in welchen die freie Verfügung einer Person über ihren Aufenthalt absichtlich und widerrechtlich beeinträchtigt wird, unter der technischen Bezeichnung Freiheitsberaubung zusammen und hebt unter diesen die widerrechtliche Einsperrung besonders hervor. Die Einsperrung ist mithin nicht etwa die einzig mögliche Form der Freiheitsberaubung; sie ist vielmehr nur eine charakteristische und wohl am häufigsten vorkommende Form derselben. —

Eine Einsperrung liegt vor, wenn eine Person in einem derart umschlossenen Raume festgehalten wird, dass ein Entkommen entweder gar nicht oder nur mit Ueberwindung erheblicher Schwierigkeiten, z. B. durch Klettern, gewaltsames Ausbrechen [39]) und dergl., oder gar nur mit Gefahr für Gesundheit und Leben zu ermöglichen ist;[40]) eine absolute Unmöglichkeit, sich zu entfernen, ist kein Erforderniss der vollendeten Einsperrung. [41])

---

[39]) Ebenso Bewältigung eines, den Ausgang wehrenden, Wächters, vgl. Schwarze: Comm. S. 581 u. Oppenhoff: Comm. zu § 239 N. 1.

[40]) D. A.: Haelschner: System III. S. 183, Schwarze: Commentar S. 581. Vgl. ferner die Entscheidungen des Berl. Ober-Trib. bei Goltdammer: Archiv Bd. VII. S. 714 u. Oppenhoff: Rechtsprechung IV. S. 545, V. S. 551, IX. S. 444, XIV. S. 214 und die Entscheidung in v. Holtzendorff's Strafrechtszeitung XIII. S. 331.

[41]) D. A.: Haelschner III. S. 183, Schwarze: S. 581, Geyer a. a. O. S. 591. — Schon Angelus Aretinus: qui judex dictum Cajum n. 14 p. 217 definirt: carcer dicitur, quoties quis non potest exire de loco pro libito voluntatis. — Wenn dagegen dem Eingesperrten ausser dem verschlossenen Ausgange ein anderer, wenn auch nicht der gewöhnliche, Ausgang als offen bekannt war, so liegt nur ein (nach dem R.-St.-G.-B strafloser) Versuch der Einsperrung vor.

Ausser mechanischer Gewalt, wie einfaches Festhalten einer Person mit der Hand, Fesseln, Binden und dergl., sind auch Drohungen, List und Betäubung zur Bewirkung der Freiheitsberaubung geeignete Mittel.

Als ein besonders erwähnenswerther Fall der Freiheitsberaubung durch List verdient der, von einigen Gesetzgebungen[42]) sogar als ein selbständiges Verbrechen behandelte Fall der Einsperrung eines geistig Gesunden in ein Irrenhaus hervorgehoben zu werden.

Hier gilt derjenige, welcher die Einsperrung unmittelbar vollzieht (z. B. der Arzt, der Wärter), für den Fall, dass er sich selbst in dolo befindet, als Thäter, derjenige dagegen, welcher die Aufnahme in die Anstalt absichtlich veranlasst hat, als Anstifter.[43])

Dagegen dürfte nach dem Reichsstrafgesetzbuch der Fall der Verhaftung einer Person auf Grund einer wissentlich falschen Anschuldigung nicht hierher zu rechnen sein. Man muss, wie Geyer[44]) richtig bemerkt, erwägen, ob im Gesetzbuch ausser der Bestimmung über die widerrechtliche Freiheitsentziehung, eine schärfere Strafbestimmung vorhanden ist, unter welche sich gleichfalls jenes Verbrechen subsumiren liesse. Ist dies der Fall, so muss die schärfere Strafbestimmung Anwendung finden. So muss nach dem heutigen gemeinen Strafrecht, da der § 164 des R.-St.-G.-Bs das Vergehen der falschen Anschuldigung besonders und, im Vergleich zu dem Vergehen der Freiheitsberaubung, mit einer schwereren Strafe bedroht, eine Handlung, welche sowohl die Merkmale des § 239 Absatz 1 als auch die des § 164 an sich trägt,

---

[42]) Vgl. z. B. Sachsen 1855 art. 197 Abs. 2: Hat aber Jemand unter dem erdichteten Vorwande einer Geisteskrankheit die Enthaltung (?) eines Andern in einer Irrenanstalt veranlasst, so ist auf Arbeitshaus oder Zuchthaus bis zu zwölf Jahren zu erkennen.

[43]) Vgl. Oppenhoff: Rechtssprechung XII. S. 54, Meyer (Thorn) S. 181 N. 5, u. Geyer a. a. O. S. 591.

[44]) a. a. O. S. 594.

nach der zuletzt genannten schärferen Strafbestimmung beurtheilt werden.[45]

In gleicher Weise ist zu verfahren, wenn die Freiheitsberaubung nur ein Merkmal im Thatbestande eines anderen Verbrechens bildet, wie dies z. B. bei der Entführung, der Nothzucht und der Erpressung der Fall ist.[46] Ist dagegen durch die Freiheitsberaubung zugleich ein anderes selbständiges Verbrechen verübt worden, z. B. ein Beamter durch Freiheitsberaubung an der Ausführung einer Amtshandlung behindert worden, so liegt ideale Concurrenz vor.[47]

Hinsichtlich des subjectiven Thatbestandes der Freiheitsberaubung ist zu bemerken, dass eine solche nicht fahrlässiger,[48] sondern nur doloser Weise begangen

---

[45] A. M. das Berliner Ober-Tribunal. Vgl. die Entscheidung v. 27. Januar 1871 bei Oppenhoff: Rechtsprechung Bd. XII. S. 55, u. Schwarze: Commentar zu § 239 S. 581. — Die gemeinrechtlichen Juristen betrachten schon früh die Gefangenhaltung auf Grund falscher Angaben als injusta incarceratio. So Lüd. Mencken: Syst. jur. civ. sec. Pand. lib. 48 Tit. III. § 8, Wernher: Observat. for. T. I. P. I. Obs. 7 N. 16. 17. Ihnen folgten die neueren, wie Tittmann: Beiträge S. 15, Abbegg's Lehrb. S. 373 u. a.

[46] Vgl. Haelschner III. 182, Goltdammer Arch. VII. S. 391 VIII. S. 837, u. Geyer a. a. O. S. 591.

[47] Nämlich widerrechtliche Einsperrung aus § 239 und Widerstand gegen die Amtsgewalt aus § 113 oder 114. Vgl. Oppenhoff: Rechtsprechung VII. S. 237 u. dessen Commentar zu § 239 N. 11 und Geyer a. a. O. S. 591 N. 5.

[48] Fälle fahrlässiger Einsperrung können sich übrigens sehr leicht ereignen, z. B. wenn Beamte, welchen die Schliessung gewisser öffentlicher Locale zusteht, wie z B. Küstern, Eisenbahn-Conducteuren u. dgl., die ihnen obliegende Pflicht unterlassen, jene Räumlichkeiten vor deren Schliessung zu leeren. — Tritt jedoch in Folge von Fahrlässigkeit eine Schädigung der Gesundheit oder gar der Tod des der Freiheit Beraubten ein, so müssen gegen den Thäter die für fahrlässige Körperverletzung, beziehungsweise die für fahrlässige Tödtung, gegebenen Strafbestimmungen Anwendung finden. Vgl. Heffter: Lehrb. § 285 N. 2.

werden kann. Indess gehört zum Dolus des Thäters nicht nur die Absicht, einen Andern seiner Freiheit zu berauben, sondern zugleich das Bewusstsein der Widerrechtlichkeit der beabsichtigten Handlungsweise. Deshalb bleibt der Thäter nicht nur in allen den Fällen straflos, in welchen die Gesetze die Freiheitsentziehung gestatten,[49]) sondern auch dann, wenn aus den Umständen hervorgeht, dass der Thäter nur im Interesse der Sitte oder der öffentlichen Ordnung gehandelt habe.[50]) Endlich gehören hier-

---

[49]) So ist z. B. in Preussen nach dem Gesetz zum Schutze der persönlichen Freiheit vom 12. Februar 1850, die vorläufige Ergreifung oder Festnahme einer Person gestattet, wenn dieselbe, bei Ausführung einer strafbaren Handlung oder gleich nach derselben betroffen oder verfolgt, die Flucht ergreift oder der Flucht verdächtig ist, oder wenn in einem solchen Falle Grund zu der Besorgniss vorliegt, dass die Jdentität der Person sonst nicht festzustellen sein werde. Der Ergriffene muss aber sofort einer Polizeibehörde oder einem anderen Beamten, welchem nach den Gesetzen die Pflicht obliegt, Verbrechen oder Vergehen nachzuforschen, behufs der Bestimmung über die vorläufige Festnahme übergeben oder einer Wachtmannschaft zugeführt werden (§ 2 bis 3). Im Unterlassungsfalle muss eine derartige Festnahme als eine widerrechtliche Freiheitsentziehung für strafbar erachtet werden. Vgl. hierzu Beseler: Commentar zum preuss. St.-G.-B. § 211. — Straflosigkeit wird man auch in allen den Fällen annehmen müssen, wo gewissen Personen (z. B. Eltern, Lehrherren, Dienstherrschaften u. dgl.) gesetzlich ein Züchtigungsrecht zusteht. Vgl. Tittmann: Handb. I. § 185 am Ende. — Ob eine Ueberschreitung des Züchtigungsrechtes vorliegt, muss dem Ermessen des Richters überlassen bleiben. Einzelne Strafgesetzbücher enthalten über den Missbrauch des Züchtigungsrechts, welcher in einer der Gesundheit nachtheiligen oder gefährlichen Einsperrung besteht, besondere Bestimmungen, so z. B. Baiern, 1813 art. 205, Hannover § 242. 248, Braunschweig § 170, Sachsen § 199 (welches die widerrechtliche Einsperrung in diesem Falle als Körperverletzung bestraft. Vgl. Krug: Comm. II. S. 91). — Nach einer Entscheidung des grossherzogl. Mecklenburg. Obergerichts (Gerichts-Saal XXV. S. 468) steht der Herrschaft Dienstboten gegenüber ein Recht auf Einsperrung derselben als Zuchtmittel nicht zu.

[50]) So z B wenn Jemand einen Betrunkenen oder von einer rohen Masse verfolgten oder misshandelten Menschen in dessen eigenem Interesse oder im Interesse der Sitte und öffentlichen Ordnung in den

her auch diejenigen Fälle, in welchen wegen mangelnden Bewusstseins der Widerrechtlichkeit eine strafbare Nöthigung nicht angenommen werden konnte. (S. oben S. 57.) Dagegen wird der Thäter für den Fall, dass eine Person in die Entziehung ihrer Freiheit eingewilligt hat, nicht unbedingt auf Straflosigkeit Anspruch erheben können. Der Satz „volenti non fit injuria" findet, wie überhaupt im Strafrecht, so auch bei dem Verbrechen der Freiheitsberaubung nur eine beschränkte Anwendung. Ein, wenn auch in der Form Rechtens abgeschlossener, Vertrag, durch welchen sich Jemand verpflichtet hat, sich seiner Freiheit völlig zu begeben, hat wegen der in ihm liegenden Widernatürlichkeit und Unsittlichkeit keine rechtliche Wirksamkeit. Deshalb geht auch die auf Grund eines solchen Vertrages erfolgte Ausübung des Zwangrechtes in eine strafbare Freiheitsberaubung über, sobald sich der der Freiheit Beraubte nicht mehr an jenen Vertrag gebunden erachten will und der andere Theil, ungeachtet der erhaltenen Kenntniss von der Willensänderung des der Freiheit Beraubten, mit der Ausübung der Freiheitsentziehung fortfährt.

---

sichernden Gewahrsam brächte. Vgl. Beseler: Commentar S. 399 ff. Hierher gehört auch die Einsperrung eines gemeingefährlichen Geisteskranken (vgl. § 211 des preuss. St.-G.-B.); doch wird in letzterem Falle der competenten Behörde von der getroffenen Massregel Anzeige gemacht werden müssen. D. A. ist auch Berner a. a. O. S. 489, Meyer (Thorn): Comm. zu § 239 N. 2 S. 180, Schwarze: Comm. S. 581 u. Geyer a. a. O. S. 592 u. das Berl. Ob.-Trib. (vgl. die Entscheidungen bei Goltdammer: Archiv I. S. 87, VII. 393, VIII. S. 837, IX. S. 752 u. Oppenhoff: Rechtssprechung V. S. 551, XIII. S. 459). — Dagegen John: Entw. S. 493 und dessen Artikel Gefangenhaltung in v. Holtzendorff's Rechtslexikon. — Uebrigens wird man den Dolus auch dann nicht annehmen können, wenn die Absicht des Thäters erweislich nicht eine Schädigung, sondern nur den Vortheil des der Freiheit Beraubten bezweckte. A. M. Schwarze: Commentar S. 581 § 239 u Oppenhoff: Commentar zu § 239 N. 10 u. dessen Rechtssprechung I. S. 362, V. S. 551.

Die Freiheitsberaubung ist **vollendet**, sobald der Thäter in ernstlicher Absicht die, zur Verhinderung des Entkommens genügende, Handlung vollzogen hat.

Die **Zeitdauer** der Festhaltung des der Freiheit Beraubten ist demnach für die Frage der Vollendung des Vergehens gleichgültig; sie wird indess bei Abmessung der Strafe von Erheblichkeit.[51]

Der **Versuch** einer Einsperrung, wie überhaupt einer Freiheitsberaubung, ist nach dem Gesetzbuch nicht strafbar. In den erschwerten Fällen des § 239 Absatz 2 und 3 ist ein Versuch überhaupt nicht möglich, weil wie **Geyer** (a. a. O.) richtig bemerkt, das Gesetz die Strafbarkeit erst von dem Eintritte eines bestimmten Erfolges abhängig macht.

Dagegen kann eine vollendete Freiheitsberaubung durch die bei Begehung derselben vorwaltende Absicht des Thäters, den der Freiheit Beraubten zu tödten oder schwer zu verletzen, in einen Versuch des Mordes oder einer schweren Körperverletzung übergehen.

Die **Strafbestimmungen** des R.-St.-G.-Bs sind sehr reichhaltig.

Auf widerrechtliche Freiheitsentziehung, beziehungsweise einfache Einsperrung, steht **Gefängniss**.

Dauert die Freiheitsentziehung über eine Woche (d. s. sieben volle Tage § 19 d. R.-St.-G.-Bs), oder ist dem der Freiheit Beraubten während der Freiheitsentziehung eine Behandlung widerfahren, durch welche demselben eine **schwere Körperverletzung** verursacht worden ist,[52] so kann auf **Zuchthaus bis zu 10 Jahren** erkannt werden.

---

[51] Vgl. Heffter: Lehrb. § 286, Waechter: Archiv XIII. S. 396, Haelschner: System III. S. 182. Uebrigens wird man bisweilen aus der Kürze der Zeitdauer der Freiheitsberaubung auf den mangelnden Dolus des Thäters zurückschliessen können.

[52] Hierunter ist auch, wie Oppenhoff: Commentar zu § 239 N. 16 anführt, Entziehung der Luft, ungesundes Local, schlechte Ernährung u. dgl. zu verstehen.

Ist die Freiheitsentziehung oder die Behandlung, welche während derselben dem der Freiheit Beraubten widerfahren ist, die Ursache des Todes des Letzteren, so ist das niedrigste Strafmaass Zuchthaus nicht unter drei Jahren.

Die Annahme mildernder Umstände ist in allen Fällen, in welchen Zuchthausstrafe angedroht ist, zulässig; alsdann tritt Gefängnissstrafe ein und zwar bei Körperverletzung nicht unter einem, bei erfolgtem Tode des der Freiheit Beraubten nicht unter drei Monaten.

Zur Vermeidung von Härten würde es sich empfohlen haben, in Fällen einfacher Freiheitsberaubung der Gefängnissstrafe Geldstrafe zu substituiren.

Endlich können auch die Bestimmungen des Gesetzes, betreffend die Androhung schwerer Strafen für Fälle qualificirter Freiheitsberaubung, insofern eine grosse Härte mit sich führen, als nach dem Wortlaut des Gesetzes die Strafe gegen denjenigen verhängt werden muss, welcher nur die Freiheitsentziehung veranlasst, dagegen nicht die Misshandlung oder tödtliche Verletzung verschuldet hat.[53] Hierin liegt ein Verstoss gegen den Satz, dass Niemand für Handlungen verantwortlich gemacht werden darf, welche er weder selbst verübt hat noch durch Andere verüben liess.

Die Verjährung des Verbrechens der Freiheitsberaubung beginnt, wie bei allen dauernden Verbrechen, d. h. solchen, deren Thatbestand in der Aufrechterhaltung eines gewissen rechtswidrigen Zustandes besteht, mit dem Aufhören dieses Zustandes.[54] —

---

[53] Jene Misshandlungen können ohne Wissen des Thäters durch einen beliebigen Dritten verübt worden sein. Vgl. Held: Bemerk. S. 60 und Geyer: Gerichts-Saal XXVI. S. 297.

[54] Vgl. Heinze bei Holtzendorff II. S. 617, Schwarze: Commentar S. 286, Oppenhoff: Commentar zu § 239 N. 14 und Ortmann: Gerichts-Saal XXVI. S. 78 u. note *).

§ 23.
Menschenraub.

Der Menschenraub, wie er in der neueren Gesetzgebung, insbesondere im Reichsstrafgesetzbuch aufgefasst wird, ist mehr, wie jedes andere Verbrechen, ein rein positiv rechtlicher Begriff. Deshalb ist dem besonders am Anfange dieses Jahrhunderts in der Doctrin herrschenden Streit, ob zur Begehung dieses Verbrechens blosse Besitzergreifung des Individuums hinreiche, oder ob dazu Wegführung (Entführung) des Individuums von einem Ort zum andern erforderlich sei, keine Bedeutung beizumessen. [55])

Uns interessirt das Verbrechen nur insofern, als das heutige gemeine Strafrecht dasselbe als eine strafbare Verletzung der Willensfreiheit auffasst. Das deutsche Strafgesetzbuch führt nämlich nach dem Vorgange der Doctrin und der neueren Strafgesetzgebung in dem Abschnitte, welcher von den Verbrechen gegen die persönliche Freiheit handelt, auch einen Fall der Nöthigung auf, welcher durch die bei Begehung derselben vorwaltende Absicht des Thäters eine bedeutend grössere Strafe erheischt, als die übrigen Fälle der Nöthigung. Geht nämlich die Absicht des Thäters dahin, den der Freiheit Beraubten:
1. in hülfloser Lage auszusetzen,
2. in Sclaverei, Leibeigenschaft oder
3. in auswärtige Kriegs- oder Schiffsdienste zu bringen,

so liegt nach dem deutschen Strafgesetzbuch Menschenraub vor.

Die in demselben Abschnitt in § 235 erwähnte Entführung minderjähriger Personen aus dem Gewaltverhältnisse ihrer Eltern und Vormünder in der Absicht, jene Personen zum Betteln oder zu gewinnsüchtigen oder

---

[55]) Vgl. oben S. 41 f. und Waechter: Lehrb. II. S. 39 N. 37.

unsittlichen Zwecken oder Beschäftigungen zu gebrauchen, ist zwar gleichfalls ein Menschenraub, aber nicht nothwendig ein Verbrechen gegen die Willensfreiheit, da bei jenem Verbrechen nach dem Gesetz als Gegenstand der Verletzung nicht der Wille der unmittelbar angegriffenen Minderjährigen, sondern einzig und allein der Wille derjenigen in Betracht kommt, welche die Minderjährigen in ihrem — in gewissen rechtlichen Beziehungen bedeutungslosen — Willen zu vertreten berechtigt und verpflichtet sind.[56]) Die in dem Gesetzbuche getroffene Anordnung mag sich wohl vom Standpunkt der Praxis empfehlen, indem durch Zusammenfassung von Fällen, die in der Form der Begehung Aehnlichkeit mit einander haben, die Anwendung des Gesetzes erleichtert wird. Vom Standpunkt der Theorie, welche in erster Linie das wissenschaftliche Verständniss des im Gesetze vorhandenen gesammten Rechtsstoffes bezweckt, ist sie ohne Bedeutung. Bezüglich der Stellung jener Verbrechen in System haben wir uns bereits im allgemeinen Theile dieser Abhandlung geäussert.

Zum Thatbestande des uns hier beschäftigenden Falles des Menschenraubes gehört nach dem Reichsstrafgesetzbuch:

1. dass der Thäter durch List, Drohung oder Gewalt sich eines Menschen bemächtigt habe.

Unter Bemächtigung versteht man die Unterwerfung des Geraubten unter den Willen des Thäters in der Art, dass dem Geraubten die freie Selbstbestimmung entzogen ist.[57]) Hieraus folgt auch der Zeitpunkt der Vollendung des Verbrechens. Vollendet ist dasselbe, sobald der

---

[56]) Vgl. Tittmann: Handb. I. S. 389, Schütze: Lehrb. S 414, welcher diese Art Menschenraub den uneigentlichen nennt und Geyer a. a. O. S. 603 N. 13, welcher das Verbrechen für einen Menschenraub im weiteren Sinne erachtet.

[57]) Vgl. Oppenhoff: Commentar zu § 234 N. 2, und Häberin: kritische Bemerkungen zum Entwurf S. 75.

Thäter den Bemächtigungsact in der oben erwähnten Absicht beendet hat;[58]) einer Verwirklichung dieser Absicht bedarf es nicht.[59])

Wird der Thäter an der Ausführung der Bemächtigungshandlung durch die Person selbst, deren er sich bemächtigen will, oder durch Dritte gehindert, so liegt ein strafbarer Versuch des Menschenraubes vor.

Als zur Begehung des Verbrechens geeignete Mittel bezeichnet das Gesetz: List, Drohung und Gewalt.

Die List kann sowohl in einer positiven Handlung als auch in einem schuldhaften Schweigen bestehen.[60])

Die Drohung ist ihrem Gegenstande nach unbeschränkt, wenn sie nur im concreten Falle den Erfolg der Bemächtigung herbeizuführen im Stande war.

Beide, List und Drohung, brauchen nicht direct gegen die Person des Geraubten angewendet zu sein, es genügt, wenn dieselben überhaupt nur die Mittel darstellen, durch welche die Bemächtigung ermöglicht wurde, sollten sie auch gegen dritte Personen ausgeübt worden sein.[61])

Die Gewalt endlich setzt zwar nicht nothwendig die Ueberwindung eines Widerstandes, aber doch mindestens einen entgegengesetzten Willen des Geraubten voraus.[62])

---

[58]) Deshalb liegt auch trotz der Wiederfreigebung vor Erreichung der Absicht das Verbrechen in seiner Vollendung vor.

[59]) Vgl. Haelschner: III. S. 187, Schütze: Lehrb. S. 414 und Geyer a. a. O. S. 603. — Ebenso wenig bedarf es einer Wegführung von einem Orte zum andern, wie Merkel in dem Artikel „Menschenraub" in v. Holtzendorff's Rechtslexikon anzunehmen scheint.

[60]) So Schwarze: Commentar (1873) S. 578, welcher auch hierher den Fall der Betäubung durch Getränke rechnet.

[61]) Vgl. das bei Oppenhoff: Commentar zu § 234 N. 3 citirte Erkenntniss des O.-A.-G. zu Dresden vom 24. Januar 1873. A. M. Geyer a. a. O. S. 602.

[62]) D. A. Geyer a. a. O., dagegen Oppenhoff: Commentar a. a. O. N. 4.

Hierbei kann dieselbe verschiedene Formen annehmen; sie kann in einem Festhalten, Fesseln, Binden, Einschliessen und dergl. bestehen.

2. Was ferner die **Absicht** anlangt, welche das Gesetzbuch zur Begehung eines Menschenraubes voraussetzt, so ist bereits erwähnt, dass der Thäter bei der Bemächtigung der Person die Absicht gehabt haben müsse,
a) dieselbe in hülfloser Lage auszusetzen.
Hierunter versteht man die Versetzung einer Person an einen Ort, an welchen sie Gefahren ausgesetzt ist, die sie mit Wahrscheinlichkeit aus eigener Kraft nicht zu überwinden im Stande sein wird. Gegen diese dem **preussischen** Strafgesetzbuch entnommene Bestimmung[63] hat sich mit Recht John und im Anschluss an diesen auch Geyer[64] erklärt. Nach John gehört der im deutschen Reichsstrafgesetzbuch vorgesehene Fall in das Gebiet der Phantasie. Zwar hat Goldammer[65] zum Erweise der Möglichkeit des Vorkommens einer derartigen Aussetzung sich einen Fall construirt. Er lässt Jemanden in das hohe Gebirge bringen und dann, obwohl derselbe des Weges unkundig, aussetzen; allein ein solcher Fall kommt eben im Leben nicht vor. Zwar kann sich, wie John a. a. O. richtig bemerkt, ein Mensch in einem Walde, in einem Gebirge verirren und in Folge dessen in eine hilflose, selbst gefährliche Lage gerathen, dagegen erscheint es mehr als unwahrscheinlich, „dass Jemand es unternimmt, einen erwachsenen gesunden Menschen[66] zu entfüh-

---

[63] Aus diesem war die Bestimmung in das Oldenburgische und Lübecksche Strafgesetzbuch übergegangen. Vgl. auch Baiern Art. 251; ferner John: Entwurf mit Motiven u. s. w. S. 488 ff., und Meyer: das norddeutsche Strafrecht S. 69.

[64] a. a. O. S. 601.

[65] Materialien Bd. 2, S. 438 N. 1.

[66] Bezüglich derjenigen Personen, welche wegen jugendlichen Alters, Gebrechlichkeit oder Krankheit hilflos sind und ausgesetzt werden, disponirt § 221 des R.-St-G.-Bs.

ren, um ihn beispielsweise im Riesengebirge oder im Harz oder in der Lüneburger Haide auszusetzen und zwar in dem Gedanken, durch die Aussetzung nun auch den betreffenden Menschen los zu werden." Haelschner[67]) sucht die Bestimmung des Gesetzbuches[68]) dadurch praktisch zu machen, dass er dieselbe auf den Fall anwendet, dass eine Person aus ihrer Heimath, als dem Orte, welcher ihr die Mittel ihrer Subsistenz darbot, fortgeführt worden ist und durch das Verlassen an einem andern Orte, an welchem ihr diese Mittel fehlen und, von dem aus ihr die Rückkehr in die Heimath wenigstens zeitweilig unmöglich wird, in eine hülflose Lage gerathen ist. Er erinnert dabei an das Treiben gewissenloser Agenten, welche in gewinnsüchtiger Absicht andere durch falsche Vorspiegelungen zur Auswanderung verleiten, um sie in entfernten Gegenden dem grössten Elende Preis zu geben. Allein so wünschenswerth eine Specialbestimmung für den von Haelschner angeführten Fall wäre, so wenig lässt sich eine solche in der angezogenen Gesetzesstelle wiederfinden, welche eine Bemächtigung (beziehungsweise Entführung nach dem preuss. St.-G.-B.) zur Verwirklichung der Aussetzungsabsicht voraussetzt; der betrogene Auswanderer begiebt sich aber freiwillig, wenn auch auf Grund falscher Vorspiegelungen, an den Ort, wo er sich später hülflos und verlassen findet.[69])

Wenn man aber dessen ungeachtet diesem mehr dem Reiche der Vorstellungen angehörigen Verbrechen einen Platz im positiven Strafrecht einräumen will, so lässt sich, wie John[70]) und Geyer[71]) zutreffend hervorheben, nicht absehen, warum die Aussetzung eines erwachsenen nicht

---

[67]) System III. S. 187.
[68]) Dieselbe ist dem Preussischen Strafgesetzbuch entlehnt.
[69]) Vgl. übrigens § 144 des R.-St.-G.-Bs.
[70]) Entwurf S. 486.
[71]) a. a. O. S. 602.

gebrechlichen oder kranken Menschen ohne Weiteres schwerer bestraft werden soll, als die Aussetzung eines Kindes, Gebrechlichen oder Kranken.

Der Einwand,[72]) dass in dem ersteren Falle die Handlung durch Anwendung von List oder Gewalt einen schwereren Charakter erhalte, ist nicht stichhaltig, da wie John (a. a. O.) richtig bemerkt, auch an hülflosen Personen — abgesehen von vollkommen unbewussten Kindern — die Aussetzung kaum anders, als durch List oder Gewalt begangen werden könne. —

Ausser der sub a. genannten Absicht liegt nach dem Reichsstrafgesetzbuch auch dann Menschenraub vor, wenn bei der Bemächtigung des Menschen die Absicht des Thäters dahin ging,

    b. den Geraubten in Sclaverei, Leibeigenschaft oder in auswärtige Kriegs- oder Schiffsdienste zu bringen.

Diese im Gesetze ausdrücklich angeführten Abhängigkeitsverhältnisse trügen zweckmässiger den Charakter von Beispielen, da sich noch andere Abhängigkeitsverhältnisse denken lassen, welche den der Freiheit Beraubten ebensoschwer treffen können, als diejenigen, welche das Gesetz besonders hervorhebt. So würde z. B. die Bemächtigung einer Person in der Absicht, dieselbe in ein Kloster zu sperren, nicht unter den Begriff Menschenraub fallen.

Empfehlenswerther scheint daher die von John[73]) vorgeschlagene Fassung, wonach hinter die Gesetzesworte „in der Absicht, denselben in Sclaverei, Leibeigenschaft"

---

[72]) Goltdammer: Materialien II. 438.

[73]) Entwurf S. 484. Derselbe das Strafrecht in Norddeutschland. S. 108 § 178, Haelschner: II. S. 146 N. 6 und Temme: preuss. Strafrecht S. 874. — Das von Temme gesetzte Beispiel „Verkauf eines Menschen an eine Räuberbande" dürfte in Deutschland nicht praktisch werden.

noch die Worte „oder einen dem ähnlichen Zustand der Unfreiheit"[74]) einzuschalten wäre.

Wenn übrigens der Zustand der Abhängigkeit an dem Orte, an welchen der Geraubte gebracht werden soll, auch ein gesetzlich zulässiger wäre, so würde dennoch die Absicht des Thäters, den Geraubten in dieses gesetzmässige Abhängigkeitsverhältniss zu bringen, zum Thatbestande eines Menschenraubes im Sinne des Reichsstrafgesetzbuchs genügen; denn danach kommt es nur darauf an, dass nach der Absicht des Thäters der Geraubte wider seinen Willen in das vom Gesetz näher bezeichnete Abhängigkeitsverhältniss gebracht werden soll.

Die Strafe des Menschenraubes besteht in Zuchthaus; der Annahme mildernder Umstände geschieht keine Erwähnung. Letzteres ist nicht zu billigen, und zwar aus dem allgemeinen Grunde, wonach die Möglichkeit des Vorhandenseins solcher Umstände sich von vornherein nie absprechen lässt. So erschiene z. B. Zuchthausstrafe zu hart, wenn der Thäter nach erfolgter Bemächtigung, aber noch vor Verwirklichung der Absicht, den Geraubten freiwillig wieder freigäbe.[75])

Der Lauf der Verjährung beginnt mit dem Zeitpunkte, wo die Unterwerfung des Geraubten unter fremden Willen aufhört.[76])

---

[74]) Wie ehedem im Badischen Gesetzbuch. Vgl. Häberlin: Grundsätze III. S. 141.

[75]) Ein im Sinne des § 46 des R.-St.-G.-Bs strafloser Versuch liegt nicht vor, da bereits mit der Vollendung des Bemächtigungsactes das Verbrechen selbst vollendet ist. Vergl. S. 71 u. N. 58.

[76]) Vgl. oben S. 68.